综合素质拓展

（第一册）

主　编　李文莲　李　规　阳　娟

北京理工大学出版社
BEIJING INSTITUTE OF TECHNOLOGY PRESS

版权专有 侵权必究

图书在版编目（CIP）数据

综合素质拓展. 第一册/李文莲，李规，阳娟主编. —北京：北京理工大学出版社，2019.6（2020.8重印）

ISBN 978-7-5682-6883-7

Ⅰ. ①综⋯　Ⅱ. ①李⋯ ②李⋯ ③阳⋯　Ⅲ. ①大学生－素质教育－高等学校－教材　Ⅳ. ①G640

中国版本图书馆 CIP 数据核字（2019）第 053688 号

出版发行 / 北京理工大学出版社有限责任公司	
社　　址 / 北京市海淀区中关村南大街 5 号	
邮　　编 / 100081	
电　　话 /（010）68914775（总编室）	
（010）82562903（教材售后服务热线）	
（010）68948351（其他图书服务热线）	
网　　址 / http：//www.bitpress.com.cn	
经　　销 / 全国各地新华书店	
印　　刷 / 三河市天利华印刷装订有限公司	
开　　本 / 787 毫米 × 1 092 毫米　1/16	
印　　张 / 11	责任编辑 / 李慧智
字　　数 / 250 千字	文案编辑 / 李慧智
版　　次 / 2019 年 6 月第 1 版　2020 年 8 月第 3 次印刷	责任校对 / 周瑞红
定　　价 / 39.80 元	责任印制 / 施胜娟

图书出现印装质量问题，请拨打售后服务热线，本社负责调换

前　言

十九大报告提出："青年兴则国家兴，青年强则国家强，青年一代有理想、有本领、有担当，国家就有前途，民族就有希望。"习近平总书记强调："中国的未来属于青年，中华民族的未来也属于青年。青年一代的理想信念、精神状态、综合素质，是一个国家发展活力的重要体现，也是一个国家核心竞争力的重要因素。"确实，良好的综合素质是广大青年担当时代责任，实现伟大中国梦的基石。高校承担着立德树人的根本任务，作为高校教育工作者，我们应竭尽所能，为青年学生的成长成才搭建平台。当代青年生逢其时，也重任在肩，唯有坚定理想，勇于开拓，励志勤学、刻苦磨炼，才能在激情奋斗中绽放青春光芒、才能创造无愧于时代的人生华章。

大学生是优秀的青年群体，是社会发展的主力军。当代大学生既要掌握系统的专业知识，更要具备较强的综合素质。具体表现为较高的道德品质、心理素质、文化素养和创业创新能力等。大学生正处于成年初期，应树立正确的世界观、人生观和价值观，积极培养与时俱进的思维能力，塑造良好的道德品格，养成健康的行为习惯，才能担当起民族复兴的重任。

近年来，娄底职业技术学院高度重视学生思想政治教育工作，为更好地培养学生的综合素质，学校2017年开始实施综合素质拓展课程教育，学校党委书记、校长高度重视，亲自参与教材编写和指导。本书编写过程中，充分把握当代大学生身心特点，以"实用""新颖"和"互动"为原则，把课堂教学和德育实践紧密结合，集合了专家、学者、学校管理者和一线辅导员的集体智慧。全书按年级分成3册，共10个篇章44个章节，内容设置上重实际，接地气，通过"课堂导读""课堂思考""课后延伸"和"经典诵读"等环节对课堂教学进行形式多样的组织和安排，力求贴近当代大学生的特点和生活，引发学生的思考和探索，促进学生的成长和发展。

本册是《综合素质拓展》的第一册，适合于高职院校一年级学生使用，本册包括"理想信念篇""行为养成篇""安全教育篇"和"心理素养篇"4个篇章，16个章节，着重从培养学生树立坚定的理想信念、养成良好的行为习惯、增强安全意识和培育健康的心理素养等方面开展相关主题教育。

本书的编写借鉴和引用了国内外许多研究成果，因各种原因，未能与这些成果的著作权人一一取得联系，在此表示诚挚的感谢和敬意。感谢本书的所有参编人员，由于编写时间仓促，水平有限，书中难免有不足之处，恳请读者赐教。

编　者
2019年3月

目 录

一、理想信念篇

第一章 理想从这里起航 ·· 3
第一节 了解理想信念 树立正确价值观 ···························· 3
第二节 当代大学生的核心价值观 ···································· 6
第三节 如何践行理想信念和核心价值观 ···························· 7

第二章 有国才有家 ·· 11
第一节 了解爱国 ·· 11
第二节 中华民族的爱国传统 ··· 13
第三节 新时代的爱国主旋律 ··· 14

第三章 勇担责任 砥砺前行 ·· 18
第一节 认识责任 ·· 18
第二节 当代大学生责任教育的意义 ································ 20
第三节 大学生责任的培养 ·· 21

第四章 认识自我 规划未来 ·· 26
第一节 自我认识概述 ··· 26
第二节 职业生涯规划 ··· 29

二、行为养成篇

第五章 讲文明 知礼仪 ··· 37
第一节 文明礼仪知多少 ·· 38
第二节 大学生文明礼仪 ·· 39

第六章 守纪律 讲规矩 ··· 49
第一节 守纪律、讲规矩是党的优良传统 ·························· 49
第二节 大学生规矩价值观的缺失忧患 ····························· 50
第三节 遵纪守法 做合格大学生 ··································· 53

第七章 做一个守时的人 ··· 57
第一节 守时到底多重要 ·· 57
第二节 守时对人生成长的意义 ······································ 58

  第三节 把守时养成习惯 ·· 60

第八章 增强自制力 ·· 63
  第一节 什么是自制力 ·· 64
  第二节 自制力的重要性 ·· 65
  第三节 如何提高自制力 ·· 67

三、安全教育篇

第九章 身体健康是最大的财富 ·· 73
  第一节 健康的重要性 ·· 73
  第二节 影响大学生健康的不良行为 ·· 77
  第三节 养成大学生健康文明的生活方式 ·· 84

第十章 防骗指南针 ·· 92
  第一节 高校诈骗案的主要类型及案例 ·· 92
  第二节 受骗原因及防骗攻略 ·· 94
  第三节 面对骗局的处理方式 ·· 96

第十一章 网络安全 ·· 99
  第一节 网络安全认识 ·· 99
  第二节 常见网络陷阱 ·· 101
  第三节 健康文明上网 ·· 105

第十二章 人身财产安全 ·· 108
  第一节 校园防盗安全 ·· 108
  第二节 校园防火安全 ·· 111
  第三节 人身意外安全 ·· 113

四、心理素养篇

第十三章 遇见更好的自己 ·· 121
  第一节 了解性格 ·· 122
  第二节 大学生常见的不良性格 ·· 124
  第三节 塑造优良性格 ·· 127

第十四章 逆风飞翔 ·· 130
  第一节 压力与挫折 ·· 131
  第二节 常见的压力与挫折 ·· 132
  第三节 积极应对压力及挫折 ·· 135

第十五章 心晴向阳 142
第一节 什么是情绪 142
第二节 常见的情绪困扰 145
第三节 情绪管理方法 147

第十六章 爱的艺术 152
第一节 了解爱情 152
第二节 正确恋爱观的树立 155
第三节 爱的艺术 157

参考文献 161

一、理想信念篇

第一章

理想从这里起航

党的十九大报告指出:"青年兴则国家兴,青年强则国家强。青年一代有理想、有本领、有担当,国家就有前途,民族就有希望。中国梦是历史的、现实的,也是未来的;是我们这一代的,更是青年一代的。中华民族伟大复兴的中国梦终将在一代代青年的接力奋斗中变为现实。"广大青年要坚定理想信念,志存高远,脚踏实地,勇做时代的弄潮儿,在实现中国梦的生动实践中放飞青春梦想,在为人民利益的不懈奋斗中书写人生华章!

课堂导读

周恩来,原籍浙江绍兴,1898年3月5日生于江苏淮安,1921年加入中国共产党,是伟大的马克思主义者,伟大的无产阶级革命家、政治家、军事家、外交家,党和国家主要领导人之一,中国人民解放军主要创建人之一,中华人民共和国的开国元勋,是以毛泽东同志为核心的党的第一代中央领导集体的重要成员。周恩来是举世公认的伟大的政治家、军事家、外交家。他一生功勋卓著,才智过人,而且具有崇高纯美的人格风范。

周恩来是一个忠诚的爱国主义者和坚贞的共产主义者。他少小立志为救国救民而发奋读书,为遍寻真理而渡洋蹈海。当他找到了马列主义,一经确立信仰之后,便终生而为此奋斗,从此成为一个职业革命家。周恩来同志说:"人是应该有理想的,没有理想的生活会变成盲目。"他在确立共产主义信仰之时就说过:"我认的主义一定是不变了,并且很坚决地要为他宣传奔走。"他对党的事业、对社会主义中国的光明前途、对振兴中华民族的伟大事业,始终充满必胜的信心,无论遇到什么样的艰难困苦,从不动摇。他说:"共产党人就是为不断克服困难,继续前进而存在的。畏难苟安,不是共产党人的品质。"他以自己的实际行动实践了"在任何艰难困苦的情况下,都要以誓死不变的精神为共产主义奋斗到底"的誓言。全心全意为人民服务,做人民的勤务员,是他一生矢志不渝的宗旨和信条。在布满荆棘、充满坎坷的征途中,他始终为这一崇高的目标奋斗不息,没有丝毫动摇过。为了党、国家和人民,他可以履艰涉难而不折,忍辱负重而不悔。他所采取的一切方略,都紧紧围绕着这一目标,恪守着这一宗旨,这也是他之所以成功的内在动力和行动准则。

第一节　了解理想信念　树立正确价值观

理想是人生航程的灯塔,是我们人生奋斗的目标,指引着我们人生前进的方向,只要我们始终不移地向着这个方向前进,就能达到成功的彼岸。古往今来,凡是有作为的人,无不重视理想的作用,他们大都在青少年时代就确立了远大的奋斗目标。如果一个人没有理想,就没有了确定的奋斗目标,没有了前进的方向,可想而知,前途将会是怎样呢?

一、理想信念的基本内涵

(一)理想的含义

理想作为一种社会意识、一种精神现象,是人们在对社会现实及其发展规律认识的基础上形成的,是人所特有的主观能动性的发挥。马克思在1842年写的一篇论文《第六届莱茵省议会的辩论》中谈论社会现实与理想时曾经指出:"这些流于幻想的空谈家、这些伤感的狂热者把他们的理想同日常的现实的任何接触都看成是亵渎神明。"理想外在表现为人们对自身现状不满足,探索追求自己的需要和目标,理想在本质上是客观必然性与人的主观自觉能动性的有机统一,是人生的精神支柱。

在人类的精神世界里,理想信念、价值观是与生命相伴相随的。没有理想信念的人、没有价值观的人,很难称为真正意义上的人,只能叫"行尸走肉"。只要是人,都会在外部世界的影响下形成一些感觉、思想、动机和意志,包括理想,而且理想是有意图的、有力量的,没有理想的人,是没有力量的人。

理想必须与现实相结合,才能是合理的设想与希望,否则,就是乱想和狂想。列宁说:"所谓'理想'不应当去开辟最好的和最简捷的途径,而应当为我国资本主义社会中眼前进行着的'各社会阶级间的严酷斗争'规定任务和目标;衡量自己的意图是否取得成效,不是看为社会和国家拟定的建议,而是看这些理想在一定社会阶级中传播的程度;如果你不善于把理想与经济斗争参加者的利益密切结合起来,与该阶级的'公平的劳动报酬'这类狭隘琐碎的生活问题,即自命不凡的民粹主义者不屑理睬的问题结合起来,那么,最崇高的理想也是一文不值的。"可见,不与现实问题相结合的理想,再崇高也是一文不值的。

理想是真、善、美的统一与结合。真代表求实,真理是其最高目标;善代表求好,善良是其追索目的;美代表求得和谐、协调,美好是其努力方向。一切贪图眼前利益、追求安逸和享乐的思想,只是寻求感官暂时满足的刺激的虚妄欲望,而不是武装精神世界的理想。爱因斯坦在其著作《我的世界观》中明确阐述:"每个人都有一定的理想,这种理想决定着他的努力和判断的方向。在这个意义上,我从来不把安逸和享乐看作是生活目的本身——这种伦理基础,我叫它猪栏的理想。照亮我的道路,并且不断地给我新的勇气去愉快地正视生活的理想,是善、美和真。"改变了人类对世界和宇宙认识的爱因斯坦对人生和理想也是一语中的:贪图安逸和享乐,只是猪栏的理想,而对真、善、美的不懈追求,才是真正的理想。

(二)信念的含义

当理想被人们坚信不疑并要付诸实际行动时形成的精神状态,就是信念。在《现代汉语词典》中,信念是"自己认为可以确信的看法"。信念是认识、情感和意志的融合与统一。当下,我们对信念的理解主要包括以下几个主要特点:

第一是稳定性。信念不是一夜之间就立刻形成的,而是在人生实践中通过对经验、教训的积淀、总结而逐渐形成的。"冰冻三尺非一日之寒,滴水穿石非一日之功"。信念一旦形成,是不会轻易改变的,而是理智的把握和情感的支持双重作用的结果。理智来源于对事物规律的认识和把握,情感来源于价值认同和潜移默化,逐步形成坚如磐石的信念。

第二是执着性。稳定性主要是指事物没有变动、静止、固定的状态,但对于有血有肉有灵魂、有主观能动性的人来说，信念就不仅是一种状态，而更多的是一种精神和行为：一种饱含深情、坚定不移的情感，一种坚韧不拔、百折不挠的斗志，一种坚定不移、始终不渝的追求，一种心甘情愿、乐在其中的行动。这种精神和行动就是执着。

第三是复合性。对事物发展规律的认识、情感、意志的统一体就是信念。有人把它比喻为认识、情感和意志的"合金"。这种复合性来源于认识上的科学把握、情感上的强烈认同、意志上的坚定不移。

第四是多样性。信念与理想是紧密相连的。理想是多种多样的，有政治理想、经济理想、文化理想、社会理想、生活理想等，信念也不例外。

二、理想信念是世界观、人生观和价值观的升华

（一）理想信念是持久的动机

理想和信念是有着紧密联系的两个概念，往往统称为理想信念。理想信念分社会理想信念和个人理想信念。社会理想信念的表现形式是社会组织、团体或政党在共同的价值观基础上形成的具有一定指导意义的思想理论，并加以实践的过程；个人理想信念是某种社会理想信念的内化，外在表现是一个人在世界观、人生观、价值观基础上，树立人生信念和人生目标并不断为之奋斗的过程。

理想信念是人们对未来的向往、追求以及对理论的真实性和实践行为的正确性的确认，一旦形成，就会成为持久的活动动机。中华民族五千年生生不息，维系它的是什么？毛泽东同志说过："中华民族有光复旧物的决心，有自立于世界民族之林的能力。"为了光复旧物，为了自立于世界民族之林，一代代仁人志士，可以"鞠躬尽瘁，死而后已"，可以"我自横刀向天笑，去留肝胆两昆仑"，可以"富贵不能淫，贫贱不能移，威武不能屈"。这种至大至刚的浩然正气，都是源于振兴中华的理想信念。有了这样的理想信念，就可以与天地共存，与日月同辉，就可以成为中华民族的脊梁和灵魂。中华民族之所以历经磨难而生生不息，就在于有这样的脊梁，有这样的灵魂。

（二）理想信念与世界观、人生观和价值观

理想信念与价值观是密切相关的，而价值观又是与世界观、人生观密不可分的。世界观、人生观、价值观是理想信念的基础，理想信念是世界观、人生观和价值观的升华。

世界观，也称宇宙观，是人们对世界总体（包含自然、社会、人的思维）的基本看法，它揭示了世界最一般的规律，就是人们对世界的基本看法，世界是什么，它是怎样变化的。世界观往往被人们通俗地称为社会观点。正确的世界观是马克思主义世界观，马克思主义世界观主要是以辩证唯物主义和历史唯物主义来看待世界。辩证唯物主义揭示了世界的本质，"世界是物质的，物质是运动的，运动是有规律的，而规律的展开需要一个过程"，世界是可以通过把握运动的规律来认识的。

人生观，即人生态度，是人们对人生意义、人生目的、人生价值的根本看法和态度。人生观要回答的三大问题是：人为什么要活着？人生态度怎样？如何评价人生价值？人生观中包含了人生目的和人生价值，是人生目的和人生价值的统一。它是世界观的一部分，用世界观去观察和对待人生问题，就形成了人生观，是人们对人生目的和人生意义的根本看法和态度。世界观是人生观的理论基础。马克思主义世界观和方法论是指导我们正确认识世界、认识社会、认识人生的指南。为人民服务的人生观是科学正确的人生观。

价值观是对价值的立场、看法和观念,指人们对认识对象的评价标准、评价原则和评价方法的观点的体系,是价值关系的观念反映。任何人、任何社会都离不开价值观的左右或指导,失去价值观的控制,人生便失去了控制。因此,树立正确的价值观对社会发展和个人成长都具有十分重要的意义。人们的理想信念是价值观的集中体现,是人生最高的价值追求。当然,这里所讲的理想信念是讲一个社会所具有的最高的理想信念。在中国当今社会条件下,就是讲共产主义理想和信念,讲对马克思主义的信仰。

课堂思考

怎样处理理想与现实的矛盾?

第二节　当代大学生的核心价值观

大学生是国家宝贵的人才资源,是民族的希望、祖国的未来,是未来建设中国特色社会主义的生力军,担负着全面建设小康社会、实现中华民族伟大复兴的历史重任。大学生素质特别是思想政治素质如何,能否成为中国特色社会主义事业的合格建设者和可靠接班人,关系党的事业后继有人和国家长治久安,关系实现全面建设小康社会的宏伟目标和中华民族的伟大复兴。

一、核心价值观的基本内涵

(一)核心价值观的概念

所谓核心价值观,是指在多种价值观中居于最关键和最基础地位,起决定和支配作用,具有影响力和决定性的价值观。其实,核心价值观人人都有,它决定着一个人对世界和人生的基本价值判断和看法,所以,在生活中不难看到一个人所持的观点和态度可以不断改变,但处世的原则却很难改变的现象,"江山易改,禀性难移"其实就是个人的核心价值观在起作用。同样,国家和社会也有核心价值观,它恒久支配和决定着国家、社会和民族的思想观念、价值取向和精神世界,是凝聚人心、汇聚力量、统一思想的精神力量和奋斗目标。

(二)大学生核心价值观的概念

大学生核心价值观相对于一般人而言,是特殊人物在特殊时期的价值观体现。它的时间性、人物性和环境性决定了它的特殊性。但是,尽管特殊,它仍然摆脱不了人的价值观的普遍性。一般人的价值观具有超越现实的超越性、规范行为的引导性、指引方向的定向性、价值理解的解释性和相对恒定的稳定性。大学生核心价值观是对大学生思想和行为把握决定、确定方向、规范引导、相对稳定的价值判断、价值选择和价值取向。

那么,大学生的核心价值观到底包括哪些内容呢?社会主义核心价值体系为当代大学生的核心价值观提供了指针和方向,是当代大学生核心价值观的灵魂和旗帜。社会核心价值观决定着社会的总体价值取向和社会大众的行为选择,构成一个社会的价值判断标准和得失取舍尺度。

当代大学生核心价值观的内容和结构,应该是马克思主义理论指导、共产主义信仰、中国特色社会主义信念、爱国主义情感、集体主义精神、伦理价值基础、全面发展理想。马克思主义理论指导明确了大学生核心价值观的灵魂，爱国主义情感明确了大学生核心价值观的根基，集体主义精神明确了大学生核心价值观的思想行为的价值取向，中国特色社会主义信念明确了大学生核心价值观的当代内容，共产主义信仰明确了大学生核心价值观的崇高追求，伦理价值基础明确了大学生核心价值观的道德底线，全面发展理想明确了大学生核心价值观的发展目标。

二、理想信念是核心价值观的内核

理想信念和核心价值观的关系是什么？理想信念在核心价值观中居于何种地位呢？价值观是各种价值观念和价值知识的一般观点或根本观点的概括。价值观决定了人们的价值取向与价值标准。核心价值观是在多种价值观中居于最关键和最基础的地位，起决定和支配作用，具有影响力和决定性的价值观。理想信念是核心价值观的内核。

作为一名承载着国家和民族希望与重托的当代大学生，必须坚定信念，正确认识和对待前进道路上的困难和挫折，正视现实，立足于学生的本职，为崇高理想的实现而不懈奋斗。毛泽东同志曾说过："现在的努力是朝着将来的大目标的。失掉这个大目标，就不是共产党员了。然而放松今日的努力，也就不是共产党员。"要努力把个人的理想和奋斗融入远大理想与共同理想的奋斗之中。马克思主义认为，个人理想与全民族的共同理想、共产主义的远大理想是辩证统一的。我们强调共产党人一定要树立远大理想，并要为现阶段的共同理想而奋斗，同时，我们也承认共产党员个人理想存在的合理性。要正确处理好三者之间的关系，并在实际行动中把它们有机地统一起来。

在现实生活中，有的大学生往往处理不好这三者的关系。例如，在新形势下，有的大学生把个人理想与共同理想、最高理想对立起来、割裂开来，认为个人理想的实现不需要共同理想、最高理想的指导和引领，甚至认为"搞好自己的学习、安排好自己的生活、找个好工作、有个好身体、有个好家庭、处些好朋友"就心满意足了，没必要树立什么宏图大志和远大抱负，把为共产主义理想奋斗的"大目标变小了"，把为个人利益和自我奋斗的"小目标变大了"，热衷于搞"自我设计""自我价值的实现"。这些显然是没有摆正最高理想、共同理想和个人理想之间的关系。每个大学生都应该懂得，个人理想同全民的共同理想、党的最高理想在根本上是一致的，没有党和人民的利益就没有个人的利益，没有全民族利益的实现，就不可能有个人利益的最终满足。

课堂思考

作为大学新生，你的大学目标是什么？

第三节 如何践行理想信念和核心价值观

作为新时代的大学生，必须树立理想信念和核心价值观，实现自己的人生目标和人生价值。那么作为当代的大学生，我们该如何践行理性信念和核心价值观呢？

一、坚定理想信念，养成良好的行为习惯

理想信念的实现，与良好的行为习惯是密不可分的。培根说："习惯真是一种顽强而巨大的力量，它可以主宰人生。"英国教育家洛克说："习惯一旦养成之后，便用不着借助记忆，用不着思考，很容易很自然地就能发生作用了。"一个人要成就学业、事业，要拥有美好人生，必须养成良好的学习、生活和工作习惯。优秀学生之所以优秀，是因为他们都养成了良好的学习生活习惯。印度诗人杰佛来期在《播种》一诗中这样写道："把一个信念播种下去，收获的是一个行动；把一个行动播种下去，收获的是一个习惯；把一个习惯播种下去，收获的是一个性格；把一个性格播种下去，收获的是一个命运。"可见良好的习惯教育对一个人的成长和成功起着巨大的作用。因此，大学生需要养成个人良好的行为习惯。

二、增强安全意识

随着社会的发展、人类的进步，人们对安全问题的认识也在不断地提高。今天，人们面对的安全问题已不仅仅是个人人身安全问题，还涉及生活环境安全、社会财产安全等方方面面。对人类安全的影响除了自然因素以外，还有人为因素、社会因素等，这些均会给人类的安全带来威胁。可以说，安全是人类生存、生活和发展的最根本的基础，也是社会存在和发展的前提和条件。

大学生正处于人生的黄金季节，肩负着重大的历史使命，不仅要学习现代科技知识，还要注意自己综合素质的全面提高，使自己成长为一个报效祖国、服务人民的人才。为确保这一目标的顺利实现，大学生需要增强安全意识。

三、培养良好的心理素养

大学生是未来社会的领导者和建设者，在很大程度上决定着未来社会的走向和发展状况，心理健康与否，不仅影响着学习和健康成才，而且对整个社会都至关重要。大学生要树立心理健康意识，优化心理素质，增强心理调适能力和社会生活的适应能力，预防和缓解心理问题，学会处理环境适应、自我管理、学习成才、人际交往、交友恋爱、求职择业、人格发展和情绪调节等方面的困惑，提高健康水平，促进德、智、体、美等全面发展。

四、养成良好的学习习惯

习惯是行为的惯性，不需要特别的意志努力，不需要别人的监控，在什么情况下就按什么规则去行动。习惯一旦养成，就会成为支配人生的一种力量。

国内外研究资料表明，学生学习的好坏，20%与智力因素相关，80%与"信心、意志、习惯、兴趣、性格"等非智力因素相关。而在非智力因素中，习惯又占有重要位置。古今中外在学术上有所建树者，无一不具有良好的学习习惯。同样是水壶，普通人烧出的是开水，而瓦特却烧出了蒸汽机；同样是手被草叶割破，普通人只会想到埋怨草的无情和自己的粗心，而鲁班却想到了锯的发明；同样是看到苹果从树上掉下来，果农见了只会感到心疼，而牛顿却由此发现了万有引力。瓦特、鲁班、牛顿的伟大就在于他们拥有善于思考、勤于思考的习惯。养成良好的学习习惯，学习起来将会事半功倍。

五、学会为人处世

人生是一张单程车票，绝对不会回到生命的原点。在等同的几十年中，有的人能干出一番惊天动地的事业，有的人却一辈子默默无闻、一事无成，究其原因有很多，但很重要的一点就是前一种人能够悟透做人的道理，这些道理便是他们实现成功人生的重要保障。

我们常听到有人感慨说："做人难、人难做、难做人。"的确，如何为人处世是我们每一个人生中所必须面对的难题。现实生活中，很多的人就因为会做人、善于做人处好了做人的问题，而赢得了他人的尊重和社会的认可，同时也促进了自己事业的发展。因此，为人处世是一门决定人生成败的大学问，一个人不管有多聪明，多能干，背景条件有多好，如果不懂得如何去做人，那么他最终的结局肯定是失败的。很多人之所以一辈子都碌碌无为，那是因为他活一辈子都没有弄明白该怎样去做人。相反，通晓为人处世道理的人，能够使难成之事心想事成，让自己在人生的旅途中处处顺心；能够在紧要关头化险为夷，让自己在社交中事事如意，在商战中左右逢源；能够迅速说服他人，从而赢得与他人宝贵的合作机会；能够受到上司的重视，得到同事的尊重，赢得下级的拥戴，从而让自己在事业上锦上添花，一帆风顺……

六、积极投身社会实践

辩证唯物主义认为，实践是人们改造客观世界的社会活动。由于社会实践范围极其广阔，内容极其丰富，因而实践的形式也必然是多样的。变革自然的生产实践，变革社会、处理人与人之间关系的社会实践以及科学实践是三种基本的实践形式。生产实践是最基本的实践方式。

实践是认识的基础，是认识的源泉和动力，也是认识的目的和归宿。通过学习，同学们获得了科学世界观和人生观的基本理论知识，而要把这些知识真正学懂并变成自己的行动，还得通过个人的实践。在实践中树立科学的世界观、人生观，在实践中锻炼成才。

七、塑造优秀的品格

优秀的品格如藏在人身体内的宝藏，它比任何金银财宝更有价值。恐慌失败时，不会影响它的存在；困苦挣扎时，它会出来拯救你。如果我们在失意时陷入黑暗，最后我们还是得依靠它来获取光明！一个用优秀的品格来支撑聪明才智的人，才是真正的聪明之人，否则，就是愚蠢之辈！

总之，品格是一个人真正的本质。如果你想成为一个具有巨大社会价值的人，那你必须具备高尚的品格。有了它，你便拥有了诚信、宽容、仁爱、正直，从而就会获得幸福、平安、快乐、成功。这样，自私、自利、自负就会逃之夭夭，那些所谓的困苦和灭亡就永远不会光顾于你！

八、做好就业准备

众所周知，现在的大学生毕业后就业难成了一件急需解决的难题，但是，现在的状况是，学生挤破头找不到好工作，公司企业许多岗位空置，却找不到能够胜任的人。第一，毕业前，你一定要自己清楚自己的目标方向在哪里，也就是确定就业目标，并做好规划。第二，你一定要在毕业前就认清自己，分析自己的现状，弄清楚自己所擅长的是什么，自己的技能能够支撑自己完成哪些工作。第三，你要分析社会现状，了解职场趋势，有针对性地培养技能，提升自己的能力。第四，你一定要重视实习经历，多实践，多总结。实习就是让你实验，把自己学到的理论知识用到具体的实践过程中。最后，你一定要在找工作前做好面试准备，以应对各种突发问题。

课后延伸

1. 想一想，如何把理想转化为行动？
2. 阅读习近平总书记的相关言论，体会理想信念的重要性。

"平语"近人——习近平谈理想信念

为什么要坚定理想信念，习近平这样回答

长征胜利启示我们：心中有信仰，脚下有力量；没有牢不可破的理想信念，没有崇高理想信念的有力支撑，要取得长征胜利是不可想象的。

——2016年10月21日，习近平在纪念红军长征胜利80周年大会上的讲话

精神之"钙"

形象地说，理想信念就是共产党人精神上的"钙"，没有理想信念，理想信念不坚定，精神上就会"缺钙"，就会得"软骨病"。

——2012年11月17日，习近平在十八届中共中央政治局第一次集体学习时的讲话

共产党人的根本

坚定理想信念，坚守共产党人精神追求，始终是共产党人安身立命的根本。对马克思主义的信仰，对社会主义和共产主义的信念，是共产党人的政治灵魂，是共产党人经受住任何考验的精神支柱。

——2012年11月17日，习近平在十八届中共中央政治局第一次集体学习时的讲话

思想的"总开关"

对党员、干部来说，思想上的滑坡是最严重的病变，"总开关"没拧紧，不能正确处理公私关系，缺乏正确的是非观、义利观、权力观、事业观，各种出轨越界、跑冒滴漏就在所难免了。

——2014年10月8日，习近平在党的群众路线教育实践活动总结大会上的讲话

经典诵读

志不立，天下无可成之事。

【出处】明·王守仁《教条示龙场诸生》

【释义】志向不能立定，天下便没有可以做成功的事情。

【解读】习近平总书记在庆祝中国共产党成立95周年大会上引用"志不立，天下无可成之事"旨在说明理想信念动摇是最危险的动摇，理想信念滑坡是最危险的滑坡。一个政党的衰落，往往从理想信念的丧失或缺失开始。我们党是否坚强有力，既要看全党在理想信念上是否坚定不移，更要看每一位党员在理想信念上是否坚定不移。

第二章

有国才有家

爱国体现了人们对自己祖国的深厚感情，反映了个人对祖国的依存关系，是人们对自己故土家园、民族和文化的归属感、认同感、尊严感与荣誉感的统一。它是调节个人与祖国之间关系的道德要求、政治原则和法律规范，也是民族精神的核心。每个人来到这个世界，都要在社会中生存，都要获取生存发展的物质条件，都要寻求慰藉心灵的精神家园，这一切首先得之于祖国。没有国哪有家，没有家哪有我——这看似平常的话语，道出了最深刻的爱国理由：国家是小家的寄托，更是个人的寄托；国家是物质利益的寄托，更是精神家园的寄托。失去祖国母亲的保护，个人就是无家可归的流浪儿。爱国是每个人都应当自觉履行的责任或义务。履行爱国的责任或义务，是对祖国母亲的报答。

 课堂导读

2003年3月20日，美国以伊拉克藏有大规模杀伤性武器并暗中支持恐怖分子为由，绕开联合国安理会，单方面悍然对伊拉克实施军事打击。因为是海湾战争的延续，又称为第二次海湾战争。到2010年8月美国战斗部队撤出伊拉克为止，历时7年多，美方最终也没有找到所谓的大规模杀伤性武器，却造成伊拉克人民的巨大灾难。据统计，战争造成数十万伊拉克人伤亡，百姓流离失所，无数家庭支离破碎，造成大规模人道主义危机。伊拉克的例子深刻诠释了有国才有家、国强大才有家安宁的道理。

第一节 了解爱国

人们经常听到爱国，经常说到爱国，也经常被教育要爱国，但是究竟什么是爱国，爱国包括哪些内容，怎样爱国呢？这就是我们下面所要了解的问题。

一、什么是爱国？

这是一个看似简单但实际上相当复杂的问题。不同的人从不同的角度出发甚至在不同的情况下都会有不同的看法和回答。简单说来，爱国是对自己祖国的热爱和忠诚。什么是祖国呢？"祖国"是一个集自然、政治、经济、民族、文化于一体的综合概念。爱国就是一个人对自己祖国的民族同胞、山川风物、历史文化和政治制度的热爱，它集中表现为强烈的民族自尊心、豪迈的民族自信心和民族自豪感。

二、爱国是一种崇高的情感

正如列宁所说："爱国主义是由于千百年来各自的祖国彼此隔离而形成的一种极其深厚

的感情。"爱国之情并不抽象，它就体现在我们每个人的朴素情感中。无论是在中国还是在西方，人们通常把爱国之情和骨肉之情、念祖之情联系起来。古往今来，许多爱国主义者都把骨肉亲情转化为了对祖国的热爱之情。黄花岗七十二烈士之一的林觉民在绝命书上写到，自己是因为爱妻儿爱父母，才慷慨为国捐躯。在大多数中国人的心目中，祖国即母亲，母亲同祖国。正如方志敏烈士所说："我爱生命，我爱母亲，但我更爱可爱的中国。"爱国之情溢于言表，震撼人心。

三、爱国之情是恋土思乡情感的自然升华

一个热爱自己故土家乡的人必然会热爱祖国。从古至今，乡土恋情从来都是中华民族爱国情感的重要内容。据《史记·仲尼弟子列传》记载，当客居在外的孔子听说田常在鲁国作乱的消息后，沉思着对弟子们说："夫鲁，坟墓所处，父母之国，国危如此，二三子何为莫出？"孔子随即派弟子子贡出游，救援父母之邦鲁国。从某种意义上说，鸦片战争以来的御侮爱国行为都是在恋乡情感的驱使下对侵略者的反击和斗争。无论是三元里人民抗英斗争还是太平天国农民革命，无论是义和团运动还是伟大的抗日战争，都是"保家卫国"的爱国运动。抗战时期著名的《黄河大合唱》，就是从"保卫家乡、保卫黄河、保卫全中国"来逐层调动无数中华热血儿女产生强烈的爱国共鸣，团结起来，共同抗战。祖国不单是故乡家园的一方水土，也不仅是同胞聚居的有限疆域，它还是任爱国游子纵横驰骋的文化原野。因此，对民族传统历史文化的高度自信和认同是爱国热情的重要表现。

四、爱国之情还表现为对国家领土主权的珍爱与维护，对国家政治制度的信心和认同

"家是最小国，国是千万家。"国家贫弱，其民必辱。国泰则民安，国强则民富。国家是个人赖以生存的基础，是维护个人权益不受外部侵害的重要庇护所。因此，爱国不仅表现为对祖国山河、文化、传统的眷恋之情和真挚之爱，而且通常表现为对国家政治权力、国家权威的捍卫和爱护。当个人利益与国家利益相矛盾时，应该以国家利益为先。一般说来，爱国和爱国家是一致的。特别是在我们社会主义制度下，由于国家代表着历史发展的前进方向，代表着广大人民群众的根本利益，爱国和爱国家实现了真正的统一。

爱国既是一个永恒的主题，又是一个历史范畴。祖国的需要和历史的使命决定着爱国的内容与方式。因此，在不同的民族国家和不同的历史时期，爱国具有不同的具体内涵、表现形式和时代特征。中华民族的爱国主义发展史就是这种历史性和时代性的鲜明体现。在我国古代，争取中华民族的团结和融合，推进国家的统一和强大，是爱国主义的主题。在近代，爱国主义主要表现为反帝反封建的爱国斗争和救亡图存的爱国实践。近代以后，爱国主义表现为争取民族独立和人民解放，坚持走中国特色社会主义道路。今天，在中华儿女为实现民族伟大复兴而努力奋斗的新形势下，爱国主义又被赋予了崭新的内容和特色。

 课堂思考

在日常生活中，我们怎么做到爱国？

第二节 中华民族的爱国传统

在不同的历史时期,中华民族这一概念本身的内涵和外延都不尽相同,因此,爱国主义具有不同的主题和特点。中华民族爱国主义从孕育、萌生、形成到逐步发展和提升的全过程,时间跨度达五千年之久,可以划分为古代、近代和现代(中华人民共和国成立之后)三个大的阶段。

一、中国古代的爱国观念

中华民族的爱国主义的发展,是沿着中华民族融合、统一与发展的道路演变的。争取中华民族的团结和融合,推进国家的统一和强大,是这一时期爱国主义发展的主题,突出体现在以下两个方面:

其一,反对分裂,维护和巩固多民族国家的统一。秦汉时期,大一统的中央集权制国家得以确立和巩固,中华民族的主体——汉族——逐渐形成。此后,经过汉族和其他民族的长期交融与交流,到清朝初期,中华民族作为一个自在的民族实体初步定型。因此,维护国家和民族的统一就成了这一时期中华各族人民的共同愿望,也是爱国主义的重要表现。

其二,反对守旧和倒退,要求改革和进步。从秦汉到清朝前期,中华民族追求国家和民族的统一,最终是为了国家和民族的强盛与发展。在这一时期,为了国家富强和民族振兴,不少仁人志士不畏凶险、励志革新、奋发图强,表现出强烈的爱国热情和报国之心。

二、中国近代的爱国精神

从1840年鸦片战争爆发到1949年新中国成立,是我国爱国主义发展的近代阶段。中国在鸦片战争后逐渐沦为半殖民地半封建社会,帝国主义列强的侵略和践踏、地主资产阶级的剥削和压迫,使中华民族面临深重的灾难和危机。但是,中国人民不屈不挠,奋起抗争,为拯救民族危亡、实现民族复兴而英勇奋斗、艰难探索。一部中国近代史,是一部中华民族饱受耻辱、历经磨难的屈辱史,也是中华儿女抗敌御侮、救亡图强、争取民族独立和自身解放的爱国主义斗争史与创业史。正是中国近代所面临的文明危机、民族危亡和国家破碎的局面,促进了中华民族作为统一整体的自我意识的觉醒,也促使中国人民的爱国主义热情空前高涨和迸发,爱国主义传统也达到了历史的高潮。

三、中华人民共和国成立以来的爱国主题

1949年,毛泽东主席登上天安门城楼,向全世界庄严宣告:"中华人民共和国中央人民政府成立了!"自此,中华民族的历史翻开了新的篇章。从此,在中国共产党的领导下,勤劳勇敢的中国人民以强烈的爱国热情和顽强的拼搏精神,扭转了近代以来中国内忧外患、积贫积弱的悲惨命运,开启了探索和建设社会主义的历史进程,中华民族伟大复兴展现出前所未有的光明前景。自力更生、艰苦奋斗、改革开放、探索中国特色社会主义道路,成为这一时期爱国主义的主要特征。

课堂思考

你知道古代哪些爱国故事？

第三节 新时代的爱国主旋律

爱国主义是一个历史范畴，各个时代的爱国主义既一脉相承，又不断丰富发展。当前，实现中国梦是我们中华民族最大的国民共识，促进中国梦的实现就是最好的爱国主义。对当今中国爱国主义价值观内涵的阐释当然也必须应和这一时代的声音。

一、心怀民族复兴的崇高梦想

2012年11月29日，党的十八大刚刚闭幕不久，习近平总书记率中共中央政治局常委和中央书记处的同志来到国家博物馆，参观"复兴之路"展览。习近平总书记深情指出："现在，大家都在讨论中国梦，我以为，实现中华民族伟大复兴，就是中华民族近代以来最伟大的梦想。"此后，他又在十二届全国人大一次会议闭幕会上，在同全国劳动模范代表、各界优秀青年代表座谈时，在出访和接受国外媒体采访等很多重要场合，对中国梦进行了深刻阐述。中华民族伟大复兴的中国梦一提出，就释放出强大的号召力和感染力。老百姓热议中国梦，社会舆论聚焦中国梦，海外华人述说中国梦，国际社会关注中国梦。中国梦是一百多年风云激荡中始终不变的时代主题，是一代一代中国人顽强追求、矢志不移的宏伟目标。这一梦想回荡着中华民族五千年厚重文明的历史呼唤，凝结着中华民族在饱经忧患之后重新奋起再创辉煌的强烈渴盼，反映了中华民族和中国人民的"共同利益""共同期盼""共同追求""共同愿景"和"共同理想"。中国梦成为回荡在神州大地上的高昂旋律，成为鼓舞各族人民团结奋进的鲜明旗帜，成为指引中华儿女爱国报国的精神灯塔。中国梦揭示了中华民族的历史命运和当代中国的发展走向，指明了全党全国各族人民共同的奋斗目标。

习近平总书记指出，"中国梦的本质是国家富强、民族振兴、人民幸福"。实现中国梦，意味着中国的经济实力和综合国力、国际地位和国际影响力大大提升，意味着中华民族以更加昂扬向上、文明开放的姿态屹立于世界民族之林，意味着中国人民过上更加富裕安康的幸福生活。中国梦把国家的追求、民族的向往、人民的期盼融为一体，体现了中华民族和中国人民的整体利益，表达了每一个中华儿女的共同愿景。中国梦是国家情怀、民族情怀、人民情怀相统一的梦，体现了中华民族固有的"家国天下"的情怀。因此，中国梦具有广泛的包容性，能够引起全国各族人民的普遍共鸣。

二、坚定中国特色社会主义自信

道路决定命运。没有正确的道路，再美好的愿景、再伟大的梦想，都不能实现。实现中国梦必须走中国道路，这就是中国特色社会主义道路。习近平总书记指出，中国特色社会主

义 "这条道路来之不易,它是在改革开放 30 多年的伟大实践中走出来的,是在中华人民共和国成立 60 多年的持续探索中走出来的,是在对近代以来 170 多年中华民族发展历程的深刻总结中走出来的,是在对中华民族 5 000 多年悠久文明的传承中走出来的,具有深厚的历史渊源和广泛的现实基础"。历史和现实充分证明,无论是封闭僵化的老路,还是改旗易帜的邪路,都是绝路、死路。只有中国特色社会主义道路才能发展中国、富强中国,这是一条通往复兴梦想的康庄大道、人间正道。中华民族是具有非凡创造力的民族,我们创造了伟大的中华文明,我们也能够继续拓展和走好适合中国国情的发展道路。新时期弘扬爱国主义应该同坚持党的领导、坚持中国特色社会主义结合起来。

在当今中国,坚定对中国特色社会主义的道路自信、理论自信、制度自信,维护安定团结的政治局面,是爱国主义最深刻的时代内涵和最本质的时代要求。从空想到科学、从理论到实践、从一国实践到多国发展,世界社会主义经过了五百多年的历史过程。从社会主义思想的传播到中国特色社会主义的发展,我国社会主义也经过了近百年的过程。从开创到今天,中国特色社会主义也已经走过了 40 年的历程。历史和实践告诉我们:只有社会主义才能救中国,只有中国特色社会主义才能发展中国;中国特色社会主义,是中国共产党和中国人民团结的旗帜、奋进的旗帜、胜利的旗帜,是当代中国发展进步的根本方向。

在当今中国,对于每个普通公民来说,充分肯定我们过去取得的成就,坚定中国特色社会主义的道路自信、理论自信和制度自信,自觉维护来之不易的安定团结的政治局面,就是最给力的爱国主义。

三、坚决拥护和参与改革开放

中国改革开放的实践证明,改革开放是社会发展的强劲推动力。经过 40 年改革开放的伟大实践,中国从一个相对落后的发展中国家一跃成为全球第二大经济体、第一大出口国,拥有数额最庞大的外汇储备,人民生活水平得到极大提高,总体上实现了小康社会的战略目标。现在,我们比历史上任何时期都更接近实现中华民族伟大复兴的目标,比历史上任何时期都更有信心、更有能力实现这个目标。

如果说在革命战争年代那些为中华民族的独立抛头颅洒热血、前仆后继的仁人志士是真正的爱国主义者,那么在新时期那些为中华民族的复兴敢啃硬骨头、敢涉险滩的改革弄潮儿也是当之无愧的爱国主义者。坚定中国特色社会主义信念,全面深化改革,是当今一切真正的爱国主义者所应当担负的崇高历史使命。在当代中国,是否坚定地拥护改革开放、积极地参与改革开放,也是判断一个人是否爱国的重要标准之一。

四、坚决维护国家核心利益

国家核心利益是国家利益的核心组成部分,是国家的最高利益,攸关国家和民族的生死存亡。中国国家核心利益关系到中国国家主权和领土完整、国家安全和国家统一,关系到国家制度和社会大局的稳定,是经济社会可持续发展的基本保障。中国坚定不移走和平发展道路,始终不渝倡导合作共赢理念,但也绝不允许我们国家的核心利益受到丝毫损害。维护和捍卫国家利益特别是国家核心利益,是所有国家政府的神圣使命,也是判别普通公民是否真正"爱国"的试金石。

五、热爱中华历史文化

历史是民族的根基，历史意识在构建文化认同乃至国家认同的过程中起着基础性作用。中华传统文化强调讲仁爱、重民本、守诚信、崇正义、尚和合、求大同的价值理念是中华民族精神的基本内容，它们已经成为中华民族的基因，植根在中国人内心，潜移默化地影响着中国人的思想方式和行为方式。

中华优秀传统文化是中华民族的根基和血脉，是海内外华人共有的精神家园，是中华民族生命力、凝聚力、创造力的重要源泉。中华文化积淀着中华民族最深沉的精神追求，代表着中华民族独特的精神标志，是中华民族生生不息、发展壮大的丰厚滋养。对中华传统文化的认同就是全世界中华儿女爱国主义的"最大公约数"。

六、勿忘国耻，圆梦中华

历史是最好的教科书，也是最好的清醒剂。牢记历史，才能面向未来。中国人民对战争带来的苦难有着刻骨铭心的记忆，对和平有着孜孜不倦的追求。中国将坚定不移走和平发展道路，并且希望世界各国共同走和平发展道路，让和平的阳光永远普照人类生活的星球。回溯近代以来中华民族的屈辱历史，列强蜂拥而至，中国无约不损、无战不败，神州陆沉，山河破碎，善良的中华民族被奴役、被压迫，中国人民饱受侵略和欺凌，主要原因就是国家的落后。而国家之所以积贫积弱，就是因为没有找到一条强国富民的发展道路。今天，在中国共产党的领导下，我们开辟了中国特色社会主义道路。沿着这条道路，中国取得了举世瞩目的发展成就，以崭新的姿态屹立于世界民族之林，中国人民比历史上任何时期都更加接近中华民族伟大复兴的目标。历史的伤痕还在，历史的警示还在，历史的教训还在。我们要铭记历史，勿忘国耻，时刻警醒，自强不息，万众一心，坚定不移地走中国特色社会主义道路，共圆中华民族伟大复兴的崇高梦想。

七、保护祖国的绿水青山

国家的生态安全是其他一切安全的根本保证，没有了青山绿水，也就没有了国泰民安。环境保护与爱国主义有密切的内在联系，环境保护是爱国主义的迫切要求，爱护生态环境是爱国主义的具体体现。保护环境，热爱祖国的山山水水，爱护祖国的一草一木，都是爱祖国、爱人民、爱家乡的实际行动。保护环境，人人有责。我们要像呵护生命一样呵护生态环境，把老祖宗留下的一方山水保护好、利用好。每个爱国者都应该本着对子孙后代高度负责的态度，从自然生态理念出发，以自己的实际行动节约资源和保护环境，为推动生态文明建设、为实现中华民族永续发展做出自己应有的贡献。

八、用实干托起中国梦

"空谈误国，实干兴邦"，爱国需要的是实实在在的行动，而非一时的激情和响亮的口号。"喊破嗓子不如做出样子"，只唱爱国高调，不求爱国之行，最终会使爱国主义成为无果之花。真正的爱国者必然是自觉地把爱国之情、报国之志化作报国行动的人。实践爱国主义就要求我们切实"从我做起，从现在做起，从身边的每一件小事做起"。只要一代又一代中国人同心同德、不懈追求、接力奋斗，我们就一定能够到达中华民族伟大复兴的光辉彼岸。

1. 了解目前的国际形势，然后说一说对于我国周边的安全问题你有什么看法。
2. 阅读下文，体会文中的爱国之情。

中国藏传佛教领袖班禅额尔德尼·确吉坚赞大师的爱国心

中国藏传佛教领袖班禅额尔德尼·确吉坚赞大师，一生维护祖国统一增强民族团结，是宗教界的光辉榜样。新中国一成立，他便致电祝贺，表达对共产党和人民政府的"拥护爱戴之忱"。1951年，他积极支持和推动和平解放西藏的谈判。在历次西藏分裂与反分裂的斗争中，他都站在祖国和人民一边，同叛乱分子、分裂主义者进行坚决的斗争。他多次讲："我维护祖国统一的立场是坚定不移的，对于分裂祖国的行径，我过去反对，现在反对，将来也反对，我愿为维护祖国统一的伟大事业做出最大的牺牲。"他不愧为伟大的爱国主义者。

苟利国家生死以，岂因祸福避趋之。

【出处】清·林则徐《赴戍登程口占示家人》

【释义】如果对国家有利，我将不顾生死。难道能因为有祸就躲避、有福就上前迎受吗？意思就是只要对国家有利，即使牺牲自己的生命也心甘情愿，绝不会因为自己可能受到祸害而躲开。

【解读】2014年10月15日，习近平在文艺工作座谈会上的讲话指出：在社会主义核心价值观中，最深层、最根本、最永恒的是爱国主义。爱国主义是常写常新的主题。习近平总书记在庆祝建党95周年大会上语重心长地强调"不忘初心"，就是在告诫全体党员领导干部必须保持理想追求上的政治定力，自觉做共产主义远大理想和中国特色社会主义共同理想的坚定信仰者、忠实实践者，以"苟利国家生死以，岂因祸福避趋之"的担当情怀，以钉钉子精神一干到底，努力向历史、向人民交出新的更加优异的答卷。

第三章

勇担责任　砥砺前行

我国古代著名思想家，孔子晚年弟子之一，儒家学派的重要代表人物曾子说过："士不可以不弘毅，任重而道远。仁以为己任，不亦重乎？死而后已，不亦远乎？"意思是说："士不可以不弘大刚强而有毅力，因为他责任重大，道路遥远。把实现仁作为自己的责任，难道还不重大吗？为此理想而奋斗终身，难道路程还不遥远吗？"这番话言简意赅地揭示了责任在人的一生中的重要地位。

 课堂导读

2018年8月20日，第18号台风"温比亚"过境辽宁省大连市，受其影响，停靠在中国船舶重工集团有限公司第七六〇研究所的国家某重点试验平台出现重大险情。在这次超强台风"温比亚"袭击中，国家财产、同事生命面临生死考验，危急时刻，中船重工第七六〇研究所的12名同志挺身而出、应急抢险，令人难过的是，参与抢险的黄群、宋月才、姜开斌三位同志，被卷入海中，英勇牺牲。黄群、宋月才、姜开斌三位同志，诠释了新时代的责任内涵。

第一节　认识责任

责任对于人们来说是很熟悉的一个词，人们对于责任都能够谈出自己的看法，但是都是零散不系统的看法，这里我们要深入认识一下责任。

想了解和研究责任问题，最基本的出发点和立足点应是责任的内涵，就是弄清责任及其相关概念的界定。

（一）责任

在中国现代汉语中，《汉语大辞典》对"责任"的解释是：①使人担当起某种职务或职责；②分内应做之事；③没有做好分内应做的事，因而应当承担的过失。《新华词典》对"责任"的解释：①应尽的职责；②应当承担的过失。因此，可以对"责任"从两个层面来理解：第一，"责任"意味分内应做之事；第二，"责任"意味未做好分内应做之事所受到的谴责和制裁。

（二）责任感

1. 责任感的含义

责任感，是指个体对自己应承担的责任的认识、情感和行为。

从人的本质来讲，责任感反映的是人的价值问题，而人的价值问题实质是个人与社会的

关系问题，包括两个方面，即人的自我价值和人的社会价值，个人正是在承担各种社会责任中而实现自己的人生价值。

从心理学角度看，责任感是指个体对自己在承担人类社会和自身发展的责任中做出的行为选择、行为过程及后果是否符合内心需要而产生的不同态度的情感体验。

从内容和形式上看，责任感属于道德情感。从具体内容上看，责任感是一种重要的道德感。

2. 责任感的构成

第一，认知是构成责任感的前提。一个人生活在社会中，对自己应尽哪些责任，首先要有正确的认识。一个人如果是非观念清楚，价值取向高尚，那么他就会淡泊名利，负责任地活着，在帮助别人获得幸福中得到满足。如果是非不分、只讲索取，那就会得过且过，做一天和尚撞一天钟，或者追逐名利，甚至会成为社会的败类。

第二，情感是构成责任感的基础。只有孝敬父母、热爱子女的人，才会对家庭有强烈的责任心，才会在家庭生活中毫无怨言挑起最重的担子。只有热爱祖国、热爱人民的人，才会为祖国挺身而出、鞠躬尽瘁。相反，对祖国、对家庭没有感情的人，是绝不会对家庭负责、为祖国牺牲的。

第三，行为是责任感的体现。一个责任感强的人一定是一个能以自己行为履行责任的人。事实上，一个人的责任感如何，也只能通过他的行为体现出来。责任行为进一步强化责任认知，获得良好的责任情感，形成良性循环。

(三) 大学生社会责任感

从狭义而言，大学生的社会责任感是指大学生对自我之外的他者和社会群体的社会责任感。从广义而言，大学生的社会责任感也包括了自我责任感，因为个体自身就是社会的一分子，每个人对自己负责，并努力使自身成为社会整体中的一个健全、独立、完满、和谐的部分，这样，对个人负责也是对社会负责的一种表现，自我责任感也会变为社会责任感的组成部分。任何社会责任感都是基于个体人格独立、健全、完整之上的责任担当。人如果对自己都不负责任，很难想象他会有很强的社会责任感。

(四) 责任意识

责任意识是指主体在理解一定条件下自身角色和社会要求的基础上，把握自身行为及其结果，使之符合社会要求的情感、意愿；是个体对角色职责的自我意识及自觉程度；是一种自我约束的价值取向；是社会意识的重要范畴。责任意识是个体对角色职责的自我意识及自觉程度的显现，它包括两方面的内容：人们的行为必须对他人和社会负责；人们对自己的行为必须承担相应的责任。

思考下现实生活中有哪些行为是不负责任的表现。

综合素质拓展（第一册）

第二节　当代大学生责任教育的意义

当代大学生是祖国的未来和希望，作为接受过高等教育的优秀群体，他们将来走向社会，或代表个人，或代表国家，从事各种经济、政治、社会活动的时候，其责任感的状况决定着他们的行为方式和行为结果，影响着个人、集体和国家发展的前景。以责任教育提升大学生的责任素质，对大学生自身的成才和高校素质教育的推进以及我国社会主义和谐社会的形成和发展具有非常重要的现实意义。

一、推动大学生自身发展成才，完善自我价值

责任教育推动大学生发展的自我完善，包括四个方面：大学生生理机体的发展完善、心理健康的发展完善、知识能力的发展完善和道德思想的发展完善。这四个方面互相联系、互相促进，构成了大学生自我完善的现实内容。其中最重要的是大学生思想道德的发展和完善，而大学生思想道德的内核是责任感。大学生有了强烈的社会责任感，就会在学习和工作中挖掘和发挥自己的潜能，在社会生活中自觉地遵守法律，服从各种道德规范。

二、推动高校素质教育发展，更好地实现高校的社会价值

首先，责任教育是人生观教育的内容之一。人生观是人们对人生目的和意义的总体看法和根本观点。当代大学生要正确认识自己所肩负的社会责任，把对自己所负社会责任的实现程度作为衡量人生价值实现与否的唯一标准，在人生观教育中，具有重要的现实意义。

其次，责任教育是社会公德、职业道德教育的逻辑起点。社会公德是为社会整体利益以及社会的协调发展而存在的。人的每一个行为、每一句话都能对社会造成重大影响。只有让当代大学生认识、了解并体验自己的言行对社会的影响，才能使他们认识到在自己的一言一行中所担负的社会责任，社会公德教育才能收到效果。

再次，责任教育是集体主义、爱国主义、社会主义教育的切入点。"你在这个国家里出生、成长，国家给了你特定的种族遗传、生活基础、社会关系、价值观念、文化修养。你的身躯，你的精神是国家塑造的。国家民族的个性已经深深地融化在你的血液里。国家的名誉、利益和你的名誉、利益紧紧地连在一起。于是你与祖国就既有了情感上的依存，又有了利益上的一致。这是我们爱国的天然的、血缘上的理由。"这一段话很朴实地解释了人为什么要爱国的问题，那就是国家的名誉、利益和你的名誉、利益紧密地联系在了一起。当前，爱国就是要爱社会主义，要把社会主义事业作为自己的毕生追求，以饱满的热情、高度的责任感来奉献自己的力量。

三、推动社会主义和谐社会构建，保证社会主义事业长远发展

首先，在校大学生可以通过诸如学习、社会实践、志愿者活动、勤工助学、假期探亲访友等与社会接触的机会，展示自己负责任的良好形象。再次，大学生的责任感能够有效地消除科学技术被"异化"的弊端，促进人与社会的和谐。最后，大学生的责任感能够有效地减缓生存环境恶化的趋势，有力地促进人与自然的和谐。

课堂思考

通过本堂课的学习，你学到了什么？

第三节　大学生责任的培养

作为新时代的大学生，应该树立怎样的责任，怎样树立责任？这是我们每个大学生都需要认真思考的问题。具体说来，就是对自身道德、社会、家庭和自我责任的培养。

一、当代大学生道德责任的培养

（一）对自身的道德责任

第一，珍惜生命。生命是人生最宝贵的东西，每个生命个体都是独一无二的，任何人都没有理由也没有权利轻视、无视、蔑视任何一个生命个体。大学生要学会欣赏生命的丰富与可贵，学会如何去尊重生命，学会用爱心经营生命并思考生命的方向。

第二，勤奋学习。无论做什么事，都需要有责任心。学习也是这样，一个人要想获得较高的学习效率和成绩，就必须要有学习责任心。也就是说，要明白你为谁而学，对谁负责。在明确了学习的责任以后，就要进一步落实到行动上，有意识地主动地去学习课本内的和课本外的各种各样的知识和技能。一定要有主动性，只有真正主动了，才能说明真正明确了学习的责任，也才能真正做到自觉地学习。

第三，提高自身的素质。大学生有责任来努力提高自身的素质：首先是品格方面，要正确处理个人与社会、个人与他人，乃至个人与自然之间的关系，树立高度的社会责任感和历史使命感，形成关心他人、关心集体，保护自然的良好伦理道德品质。其次是体质方面，身体健康、大脑健全是人生存与发展的物质前提，毛泽东同志在《体育之研究》中曾经说过："体者，为知识之载而为道德之寓者也。"健康是事业之母，健康的体魄在人的成长与成功的过程中起着基础与关键性的作用。最后是专业素质，具备良好的专业素质，是大学生在社会上能够立足，进而能够开拓创新、成才立业、为国效力、为民造福的根本保证。

（二）对家庭的道德责任

第一，孝敬父母。在社会主义社会新道德的内涵中，要求子女对父母履行的家庭道德责任即孝的内涵主要有两个方面：

一是子女对父母有赡养和照顾的道德责任。首先，子女应在经济上赡养父母、负担父母的生活所需。其次，子女在生活上应对父母尽照顾、服侍之责。

二是子女对父母有尊重和理解的责任。人人都有人格和尊严，都有被尊重的需要，子女不仅要与父母保持人格上的独立平等，更要尊重父母的人格尊严。

第二，友爱兄弟姐妹。在中国传统文化中，兄弟姐妹之间称手足之亲，兄弟姐妹和睦与孝顺父母是并重的事情，兄弟姐妹和睦是巩固家庭、维持社会秩序的一种基本道德力量。当哥哥姐姐的要能友爱弟妹，做弟妹的要能做到恭敬兄姐，这样兄弟姐妹之间就能和睦相处。把身外所用的钱财物品看轻点，少点计较，兄弟姐妹之间就不会产生怨恨；讲话时不要太冲动，伤感情的话忍住不说，那么不必要的冲突怨恨就会消失得无影无踪。

（三）对社会和他人的道德责任

人是社会的人，社会是人的社会。处在社会中的人时时刻刻都在与人进行着交往。作为一名当代大学生在与他人的交往过程中应该肩负起自己的道德责任。尊重他人是一种美德，受人尊重是一种幸福。在我们的生活中，时时刻刻都需要尊重他人。中国是一个传统的礼仪之邦。从小我们的脑海里就被灌进了"尊老爱幼"的思想。然而在今天，对于我们这些生活在新时代、新社会里的大学生来说，除了尊老，我们还应该尊重身边所有的人：无论他们是年长还是年幼，是高贵还是贫穷，是有利于自己还是不利于自己，我们都应该同等地尊重他们。因为我们在尊重他们的同时，他们也会以同样的尊重还予我们。在生活中尊重他人，应该是时时刻刻该做的事。

（四）对自然的道德责任

人类是大自然的产物，人类的持续生存必须依赖于自然。人与自然之间是相互依存、相互联系、相互作用、相互影响、密不可分的统一体。人类有责任建立良好的自然环境。人类应该像对待自己的血肉和头脑一样珍爱大自然环境，努力建立良好的自然环境，摒弃那种人是自然的统治者、征服者和主宰者的错误理念，在人与自然相互依存、互相依赖、互惠互补中达到和谐相处，协调发展。

二、大学生社会责任的培养

（一）公共事务参与意识

当代大学生要养成公共事务参与意识。

第一，秉持公平正义理念。大学生要秉持公平正义理念，为维护和实现社会公平和正义而努力，充分发挥积极性、主动性和创造性，参与公共事务，形成公平正义的公共价值观，推动社会主义和谐社会建设。

第二，具有广阔的公共视野和国际视野。当代大学生作为国家和社会培养的高知识、高技能型社会成员，不应仅关心与个人有关的私事，而应将眼光延伸至公共领域和公共事务。在全球化背景下，当代大学生还应具有国际眼光，能够站在全球或更广阔的角度上观察经济发展社会运行和政治博弈等问题。

第三，热衷参与公共事务。不仅关注、关心公共事务，还要致力于通过制度化的理性参与，来达成解决公共问题的共识。当代大学生要提高公共事务参与的兴趣和热情，以活动参与带动学习，促进大学生综合素质发展，强化社会责任意识。

（二）社会问题关注意识

大学生社会问题关注意识包括以下三个方面的含义：

第一，关注问题实质。大学生具有一定的思维能力，关注社会事件不能停留在表面，深入剖析问题的实质，才能为理性判断、解决问题打下基础。如杭州大学生酒后撞人事件，一方面，事件发生的直接原因是酒后驾车；另一方面，也应看到酒后驾车也是一种不负责任的行为，是一种典型的社会责任意识缺失行为。

第二，理性判断能力。大学生具有对社会问题的敏感性，但在现代信息社会，媒体信息以海量形式传播,如何进行选择、判别,不盲目听信,即是如何"理性"关注的问题。若是对于媒体曝出的各种信息,盲目地"看热闹""一哄而上""声援""声讨",没有任何思考,这也是不负责任的表现。唯有基于自己的丰富知识和敏锐判断力,基于社会正义价值观、"理性"对待和分析,寻求问题解决的正确路径,才能体现对国家和社会的责任感和使命感。

第三,协助解决问题。关注社会问题的最终目的是解决问题,社会问题的化解不仅是政府的事情,当代大学生作为新时代的公民,应尽己所能与政府和相关部门共同解决人们关注的社会热点问题。

(三) 志愿服务意识

志愿服务意识的内涵应包括以下两个方面:

第一,自愿服务意识。志愿服务是志愿者基于人类的道德与良知自愿参加的社会服务活动,因此,志愿服务意识首先包含自愿服务意识。"我愿意成为一名光荣的志愿者。我承诺:尽己所能,不计报酬,帮助他人,服务社会"。青年志愿者的豪迈誓言亦体现出志愿服务首先要有自愿性。

第二,合作互助意识。志愿服务是志愿者在公共生活中的社会服务行为,其特点是具有公共性,因此志愿者不可能单枪匹马完成任务,还要有互助合作意识,在与他人的合作中实践仁爱、向善、奉献的道德精神。

(四) 社会关怀精神

大学生社会关怀精神应具体包含以下三个方面:

第一,坚守社会公平理念。坚守社会公平理念,即追求和保证在社会主义市场经济体制下,全体社会成员享有平等的政治权利、经济权利和社会保障等其他方面的权利。

第二,对弱势群体的关爱意识。关注弱势群体的物质条件,关心他们的心理健康,在力所能及的范围内协助弱势群体解决实际问题,鼓励他们自立自强,使他们感受到社会大家庭的温暖。

第三,富有社会实践精神。"社会关怀"和社会理想的实现均需付诸实践。大学生通过亲身体验和经历,才能真正了解社会、了解基层人民群众的社会现状,参与实地活动锻炼,养成自立自强、艰苦奋斗的品质,增长才干,提高能力。

三、自我责任的培养

(一) 大学生要树立科学的世界观、人生观和价值观

1. 认真学习

大学生要认真学习马克思列宁主义、毛泽东思想和中国特色社会主义理论体系,学会用辩证唯物主义和历史唯物主义的观点和方法去分析问题、解决矛盾。此外,还要学习经济、政治、法律、科技、历史、文学等专业知识,为自身的提高和完善打下知识基础。

2. 在实践中认真进行思想改造

牢固树立马克思主义世界观、人生观和价值观,不是一朝一夕就能完成的,除认真学习外,还要经常进行自我改造。这是一个长期而艰苦的过程,而这个改造最主要的在于"内因"。要想认真地自我改造,就要以马克思主义世界观为标准,不断检视自己的思想和行为,进行必要的批评和自我批评,克服任性和偏私,不断地自我调控。还要敢于向一切错误

的思想观念、腐朽的生活方式宣战，要勇于接受别人的批评和监督。

3. 善于区分观念的正确与否，把握好自己的言行

在全球化、信息化、工业化和城市化的进程中，西方的资产阶级人生观、价值观也乘虚而入，给人们的思想观念带来极大的冲击和诱惑，如个人主义、拜金主义、享乐主义。目前社会上流行一些观念和说法诸如"人为财死，鸟为食亡""有钱能使鬼推磨""金钱至上""一切向钱看""人生在世，吃喝二字""过把瘾就死"等。对此，我们必须要有一个正确的区分，对错误的东西必须要坚决抵制。

（二）大学生要自尊自爱

大学生要做到自尊自爱，首先要做到正确地认识自我，全面地评价自我。自我认识的水平高低是一个人文明程度的标志之一。如果对自己的真、善、美认识不足，也就不知道爱自己的什么。相反，一个人如果能够正确地、如实地认识和评价自己，就能正确地对待和处理个人自身，个人与社会、集体及他人的关系；就能克服自己的缺点，充分发挥自己的长处；就能在工作中充分展示自己的能力并发挥自己的作用。

其次，大学生还要尊重自我，爱惜自己的人格和名誉，不为金钱、权力、利益、美色等丧失自己的人格和尊严，在任何情况下都不做有损道德的事。在日常生活中，自觉遵守公民道德规范，遵守社会公德、职业道德和家庭美德以及《高等学校学生行为准则》，自觉地以社会公认的道德准则来规范自己、约束自己，并且按照"理想的自我"，力求矫正自己、完善自己，注意完善道德修养。

最后，大学生要学会接纳自我、欣赏自我、改进自我，学会自信，善于释放自己的压力，培养良好的心理素质。

（三）大学生要自律自控

大学生要做到自律自控首先要做到"慎独"。一要管好自己的思想。这种内控使自我较少受到欲望、焦虑、恐惧、盲目乐观或悲观的歪曲，使自我很少有内在冲突，以便有更多的精力从事创造。二要管好自己的语言，不骂人、不说谎话、不诽谤他人、不挑拨离间。三要管好自己的行动，在生活中不偷不抢、不贪小便宜，不做有损道德规范或违法的事，捡到别人的东西主动交公或寻找失主。四要克服懒惰、享乐思想，克服怕苦怕难情绪，培养艰苦奋斗的精神。五要做到经常充电，不断学习，用丰富的知识充实头脑，用榜样和先进道德人物的高尚精神洗涤自己的思想，提高自己的道德自觉性。

（四）大学生要自立自强

第一，要勤于动手，独立地处理日常生活问题。大学生自从进入大学校门那一天起就意味着从父母呵护的小圈子中走出来，那种原先日常生活中依靠父母的状态就要相应地发生改变。吃饭、洗衣、打扫卫生、生活管理、学习以及与同学老师的相处等都要靠自己来处理，这些基本生活问题的处理是大学生走向自立自强的第一步。

第二，要勤于动脑，思想独立，养成独立思考的习惯，不要人云亦云、不知所措。同时，在做决定时，不要老是依赖别人或者犹豫不决，而是要在独立思考、综合考虑的前提下自己做决定。思想决定行动，只有思想独立，才有可能行动独立。

第三，要保持经济独立，自己动手，丰衣足食。大学生通过勤工俭学或参与其他正当的社会实践活动，靠自己的体力或知识挣钱供应自己生活消费，这样不仅参与了社会实践，锻炼了自己的社会适应能力，使学得的理论与实践相结合，培养了自己自力更生的能力和艰苦奋斗的作风，在实践中不断提高了自己，而且可以减轻父母的经济负担，增强自己的自信和独立，正所谓一举两得。第四，大学生要有坚强的意志，要自强不息。生活中遇到不顺心的事是很正常的，艰难挫折是人生中的伴侣，无论社会发展到何种程度它都会存在，只不过是在不同时期不同的人身上的表现不一样而已。关键是在困难面前如何去面对、处理。痛苦常使弱者厌世轻生，却使强者更加清醒奋进。对于当代大学生来说，应当坦然面对生活学习中的困难，不要轻易放弃。要把困难看作人生的一笔财富，当成磨炼自己意志的机会。当代大学生因为环境优越，难以接受艰苦生活的挑战，有些大学生很想有番作为，却不肯付出努力，没有一点吃苦意识，难以持之以恒，这样的人是很难如愿的。

名人眼中的责任：
1. 当劳动是一种责任时，生活就是奴役。——高尔基
2. 回忆过去就会削弱自己当前的精力，动摇对未来的希望。——高尔基
3. 责任感与机遇成正比。——威尔逊
4. 对一个人来说，所期望的不是别的，而仅仅是他能全力以赴和献身于一种美好事业。——爱因斯坦
5. 当我们全力以赴往前跑的时候，我们的眼睛不断地注视着前面，两边什么也看不见。——泰戈尔
6. 要理解人，而且还要热爱他们。——罗曼·罗兰
7. 感觉不到自己心里有愿望存在就等于没有生命。——高尔基
8. 只有在到达终点之时，人们才能更好地享受走过的道路的乐趣。——罗曼·罗兰

天下兴亡，匹夫有责。
【出处】明·顾炎武《日知录·正始》
【释义】国家的兴盛、灭亡，每一个老百姓都有义不容辞的责任。
【解读】我们应该胸怀祖国，自觉承担起振兴中华、关爱社会的责任。

第四章

认识自我　规划未来

每个人都渴望成功，但并非都能如愿。了解自己、有坚定的奋斗目标，并按照情况的变化及时调整自己的计划，才有可能实现成功的愿望，这就需要进行职业生涯的自我规划。进入大学，学生的任务不仅仅是学习书本知识，更重要的是要开始进行自我认识，并且在认识自我的基础上，合理进行职业生涯规划。

课堂导读

你认识自己吗？当你听到这个问题的时候，是不是感到很惊讶呢？谁能不认识自己呢？那么就请先听个小故事吧。

小毛驴和小猴共同生活在一个主人家。一天，小猴玩得起兴，就爬到了主人家的房顶，上蹦下跳的，主人一个劲地夸小猴灵巧。为了得到主人的夸奖，小毛驴也爬到了房顶，费了好大劲，但是却把主人的瓦给踩坏了。主人见状，便大声赶它下来，并又打了它一顿。小毛驴感到很委屈：为什么小猴能上房，而且还能得到夸奖，而我却不能呢？

你认为小毛驴的问题在哪里呢？其实这就是它没有认识自己的缘故。这下你该知道认识自己是怎么回事了吧？那就是不光要认识自己的外表，还要认识自己的心理，自己的能力、个性、兴趣等。这才是真正能让你自己有所成长的前提，一个人连自己的能力、自己的水平都不知道，还怎么制定目标、奋发向上呢？我们每个人的潜能都是无穷无尽的，然而能发挥多少，全看我们如何认识自我、战胜自我。

第一节　自我认识概述

"你为什么选择现在的专业？你喜欢这个专业吗？你毕业后想做什么？你的人生梦想是什么？"令人失望的是，大部分学生都无法回答这几个问题。不少学生对于自己所学习的专业并不是很了解，有的甚至不喜欢。很多学生填报志愿是受家长的决策所左右，或者是被调剂的结果。甚至有的同学经过四年学习后才发现自己最不喜欢的专业，就是自己所选择的专业。每个人都有选择的自由，今天的选择会决定毕业后的生活，如果在大学里没有根据自己的兴趣与特长进行相应的调整与应对，可以预见到毕业时，这名学生不但没有学业上的成就，找工作时束手无策，甚至会对自己的人生及价值产生怀疑与悲观情绪。相反，如果一个学生刚进入大学就对自我认识有了一定了解，对自我有了全面客观的认识，并结合自己的兴趣、特长以及当今就业趋势，设定目标，进行了合理的职业生涯规划，那么这个学生将更有可能活出真我，走向成功！

一、自我认识的含义

"认识你自己。"这句话被刻在古希腊的阿波罗神庙上。后世的哲学家尼采说过解读这句话的一段名言："离每个人最远的，就是他自己。对于我们自己，我们不是'知者'。"

自我认识是自我意识的认知成分，是自我意识的首要成分，也是自我调节控制的心理基础，它包括自我感觉、自我概念、自我观察、自我分析和自我评价。自我分析是在自我观察的基础上对自身状况的反思。自我评价是对自己能力、品德、行为等方面社会价值的评估，它最能代表一个人自我认识的水平。自我认识表现为主体的我对客体的我的认识，也就是人能将自己的情况，包括外观、生理情况及自己的感知、思考、体验、意图、行为等报告给自己。通俗来说，自我认识是自己对自己的认识，具体包括三个方面：生理自我、心理自我、社会自我。生理自我是对自身生理状态的认识和评价，如健康状况、身高、体重、体态、容貌等。心理自我是对自身心理状态的认识和评价，如能力、知识、情绪、气质、性格、理想、信念、兴趣、爱好等。社会自我是对自己与周围关系的认识和评价，如自己与周围人相处的关系，自己在集体中的位置与作用等。

老子曾说过："知人者智，自知者明。胜人者有力，自胜者强。"自我认识是迈向个人成功的第一步，个人发展目标的设定要建立在自我认识的客观基础上。很多人认为，认识自己是一件很简单的事情，而不愿意在这方面投入过多精力。然而这种做法常常会导致其长期停留在对自己错误的认识上，进而影响个人的进一步发展。

二、大学生自我认识的主要特点

（一）自我认识的广度和深度大大提高

大学这一特殊的学习、生活环境，为大学生提供了一个博览群书、自由发展、自我实现的新天地。这个新天地为他们的自我认识向广度和深度发展提供了有利的条件。大学生的视野更开阔了，关心的社会问题也多了，社会对他们的期望也比较高。这时，他们的自我认识不只涉及自己的气质、风度和性格等一般问题，而且还涉及自己的社会地位、社会责任、自我价值等问题。通过对这些问题的分析和思考，大学生的自我意识达到新的广度和深度。

（二）自我认识的自觉性和主动性明显提高

大学是大学生走向社会之前的最后学习阶段。学习期间，在他们面前摆着许多深刻的课题：我将来要做个什么样的人？成就什么事业？我能为社会做些什么贡献？等等。强烈的求知欲使大学生对这些问题总是十分感兴趣，并且急切地思考着这些问题，强烈地期待着一个满意的答案。这种思考比少年时期更加主动，更自觉，具有较高水平。

（三）自我评价能力提高

随着大学生活的继续，大学生的知识增加了，社会经验也丰富了，大多数人对自己的分析、评价逐渐变得全面、客观和主动，对自己的优点缺点有了较正确的认识和评价，并能选择自己的长处进行发展，开始具备在自觉基础上的"自知之明"，但是大学生自我评价的能力存在很大的个体差异。

三、如何正确认识自我

（一）弗洛依德的人格结构理论

弗洛伊德认为完整的人格结构由3大部分组成，即本我、自我和超我。所谓本我，就是本能的我，完全处于潜意识之中。本我是一个混沌的世界，它容纳一团杂乱无章、很不稳定的、本能性的被压抑的欲望，隐匿着各种为现代人类社会伦理道德和法律规范所不容的、未开发的本能冲动。本我遵循"快乐原则"，它完全不懂什么是价值，什么是善恶和什么是道德，只知道为了满足自己的需要不惜付出一切代价。自我是面对现实的我，它是通过后天的学习和环境的接触发展起来的，是意识结构的部分，自我是本我和外界环境的调节者，它奉行"现实原则"，它既要满足本我的需要，又要制止违反社会规范、道德准则和法律的行为。超我，是道德化了的我，它也是从自我中分化和发展起来的，它是人在儿童时代对父母道德行为的认同、对社会典范的效仿，是接受文化传统、价值观念、社会理想的影响而逐渐形成的。它由道德理想和良心构成，是人格结构中专管道德的司法部门，是一切道德限制的代表，是人类生活较高尚行动的动力，它遵循"理想原则"，它通过自我典范（即良心和自我理想）确定道德行为的标准，通过良心惩罚违反道德标准的行为，使人产生内疚感。

本我、自我与超我之间的关系，就如同车马夫坐着马车去赶集，本我是作为动力的马，超我是作为目的地的集市，而马车夫就是驾驭马车朝着集市赶去的自我。

（二）认识自我的三条渠道

1. 比较法——从我与人的关系认识自我

他人是反映自我的镜子，与他人交往，是个人获得自我认识的重要来源。有自知之明的人能从这些关系中用心向别人学习，获得足够的经验，然后按照自己的需要去规划自己的前途。

如何进行比较？

（1）比结果而非比条件，比学到什么而不是比背景和家世。

（2）比较标准选择要合理性，选择自己可以控制、能够改变的，而不是那些无法改变的，如身高、容貌（整容除外）。

（3）选择合适的比较对象。选择高不可及的或极不如己的对象，没有比较的意义，只有确立合理的参照体系和立足点才能有助于更好地认识自我。

2. 经验法——从我与事的关系认识自我

从我与做事的关系认识自我，即从我做事的经验中了解自己。大学生要善于从做事的成败经验中认识自我，完善自我。

3. 反省法——从我与己的关系中认识自我

曾子曰："吾日三省吾身。"我们可以从以下几个"我"中认识自己：①自己眼中的我；②别人眼中的我；③自己心中的我。

课堂思考

你认识自己吗？你是一个怎样的人？你的优点是什么？你的不足是什么？

我是一个爱笑的人。

我是一个喜欢帮助别人的人。
我是一个胆小的人。
我是一个遇到困难就会退缩的人。
我的优点是善于沟通。
我的缺点是不能控制情绪。
……
请根据自己的实际情况写出 20 句关于自己的描述。

第二节　职业生涯规划

不少人都曾经这样问过自己："人生之路到底该如何去走?"记得一位哲人这样说过："走好每一步,这就是你的人生。"人生之路说长也长,因为它是你一生意义的诠释;人生之路说短也短,因为你生活过的每一天都是你的人生。每个人都在设计自己的人生,都在实现自己的梦想。在人生的道路上,不光需要有克服困难的勇气,更需要有一个明确的方向。否则,再辛苦的奔忙也只能是毫无收获的徒劳。而职业生涯规划就是指引人生道路的那颗北斗星,在茫茫的社会大洋上指引着我们前进的方向。为自己设计一份科学的职业生涯规划,我们的生命将会释放出更加精彩的光芒。

一、职业生涯规划的含义

职业生涯规划是指针对个人职业选择的主观和客观因素进行分析和测定,确定个人的奋斗目标并努力实现这一目标的过程。换句话说,职业生涯规划是根据自身的兴趣、特点,将自己定位在一个最能发挥自己长处的位置,选择最适合自己能力的事业。

案例:汪董的叔叔在一个国有进出口贸易公司工作,在商界工作多年。因为发现小汪董极具商业天赋,1984 年高考前夕,叔侄两人进行了一次长谈,共同制订了一个计划,并按计划付诸实际行动。

(1) 高考时没有直接报考商贸专业,而是报考了机械专业。
(2) 毕业后没有直接经商,而是读了专升本,本科后攻读经济学硕士。
(3) 毕业后没有经商,而是报考公务员。
(4) 然后去一家贸易公司打工。
(5) 最后才创办自己的贸易公司,经过 14 年的准备,汪董历练成一个老到的生意人,生意进展顺利,公司成长速度出奇,仅仅三年,他的公司就发展成为上海一家非常有实力的贸易公司。

从他的人生经历来看,他的起点是从职业学院开始的,跟普通的高职生不同的是,他一开始就是为了自己的目标在奋斗,进入职业院校学习是他生涯规划的一部分,而大部分的高职生只是把大学当作自己高中时候的奋斗目标。虽然与案例中的成功人士相比我们还有很大的差距,但是我们应该从现在开始认真做好规划,一步一个脚印,从而达到自己的人生目标。

职业生涯规划不是一蹴而就的,需要有科学完整的规划,同时如果不能得到很好的实施,再好的规划也注定失败。大学生不仅要花大量时间在制定职业生涯规划上,更应该在实施既定计划上下大力气。

二、职业生涯规划的准备工作

做好职业生涯规划应该提前分析三个方面的情况:

1. 自己适合从事哪些工作

研究自己适合从事哪些工作,是职业生涯规划的关键和基础。回答这个问题,要考虑以下各方面的因素:一是自己所处的职业发展阶段;二是自己的职业倾向(就是职业类型);三是自己的技能(也就是自身本领,比如专业、爱好、特长等);四是自己的职业锚(就是职业动机);五是自己的职业兴趣。

(1) 本人所处的职业发展阶段。人生有四个职业发展阶段:

1) 探索阶段:15~24岁。

2) 确立阶段:24~44岁,这一阶段是大多数人工作周期中的核心部分。这一阶段包括了三个子阶段:尝试子阶段(25~30岁)、稳定子阶段(30~40岁)以及职业中期危机阶段(在30多岁和40多岁的某个时段上)。

3) 维持阶段:45~65岁。

4) 下降阶段:66岁以上。

处在不同职业发展阶段的人,应考虑不同的事情。例如,在探索阶段,可以多做些尝试、探索,在工作中摸索出本人的职业性向、职业锚、职业兴趣等,逐步找到最适合自己的职业。而40岁以上的人,就不应该做过多的尝试,而是应该认真分析清楚本人的职业锚、职业性向,选择本人有优势的职业做长远的打算。这里的年龄阶段划分还应该针对不同的职业加以区分,例如:在中国,作为职业足球运动员,30岁已经该退休了;而作为教授,30岁差不多是最年轻的。可以看到,在校大学生处在第一阶段——探索阶段。

(2) 本人的职业倾向。约翰·霍兰德的研究发现,不同的人有不同的人格特征,不同的人格特征适合从事不同的职业,并制定了霍兰德职业兴趣量表,用来测试一个人的职业兴趣性向。约翰·霍兰德将职业性向(类型)分为六种:①实践性向;②研究性向;③社会性向;④常规性向;⑤企业性向;⑥艺术性向。每一种职业性向适合于特定的若干职业。通过一系列测试,可以确定一个人的职业性向。职业者如果确定了自己的职业性向,就可以从对应的若干职业中选择。

(3) 本人的技能(也就是自身的本领,即专业、爱好、特长等),比如,某个人喜欢打篮球,他从小开始专业训练篮球,并进行相关的体能训练,这项技能将有助于他今后从事体育相关职业。

(4) 本人的职业锚。职业锚/动机(Career Anchor)是职业生涯规划时另一个必须考虑的要素。当一个人不得不做出职业选择的时候,他无论如何都不会放弃的那种职业中至关重要的东西或价值观就是职业锚。职业锚是人们选择和发展职业时所围绕的中心。每一个人都有自己的职业锚,影响一个人职业锚的因素有:①天资和能力;②工作动机和需要;③人生态度和价值观。天资是遗传基因在起作用,而其他各项因素虽然受先天因素的影响,但更加受后天努力和环境的影响,所以,职业锚是会变化的。这一点,有别于职业性向。

例如,某个人攻读了医学博士,并且从事外科医生工作已经20年了,尽管他的职业性向可能并不适合做外科医生，但是他在确定自己的职业时，基本上不会考虑改为其他职业，这是因为他的职业锚在起作用。埃德加·施恩在研究职业锚时将职业锚划分为如下类型：①技术或功能型职业锚；②管理型职业锚；③创造型职业锚；④自主与独立型职业锚；⑤安全型职业锚。

技术型：这类人往往出于自身个性与爱好考虑，并不愿意从事管理工作，而是愿意在自己所处的专业技术领域发展。在我国过去不培养专业经理的时候，经常将技术拔尖的科技人员提拔到领导岗位，但他们本人往往并不喜欢这个工作，更希望能继续研究自己的专业。

管理型：这类人有强烈的愿望去做管理人员，同时经验也告诉他们自己有能力达到高层领导职位，因此，他们将职业目标定为有相当大职责的管理岗位。成为高层管理人员需要的能力包括三方面：

一是分析能力：在信息不充分或情况不确定时，判断、分析、解决问题的能力；二是人际能力：影响、监督、领导、应对与控制各级人员的能力；三是情绪控制力：有能力在面对危急事件时，不沮丧、不气馁，并且有能力承担重大的责任，而不被其压垮。

创造型：这类人需要建立完全属于自己的东西，或是以自己名字命名的产品或工艺，或是自己的公司，或是能反映个人成就的私人财产。他们认为只有这些实实在在的事物才能体现自己的才干。

自由独立型：有些人更喜欢独来独往，不愿像在大公司里那样彼此依赖，很多有这种职业定位的人同时也有相当高的技术型职业定位。但是他们不同于那些简单技术型定位的人，他们并不愿意在组织群体中发展，而是宁愿做一名咨询人员，或是自主创业，或是与他人合伙开业。还有的自由独立型的人会成为自由撰稿人。

安全型：有些人最关心的是职业的长期稳定性与安全性，他们为了安定的工作、可观的收入、优越的福利与养老制度等付出努力。目前我国绝大多数的人都选择这种职业定位，很多情况下，这是由于社会发展水平决定的，而并不完全是本人的意愿。相信随着社会的进步，人们将不再被迫选择这种类型。

正如许多分类一样，以上的分类也无好坏之分，之所以将其提出是为了帮助大家更好地认识自己，并据此重新思考自己的职业生涯，设定切实可行的目标。值得注意的是伴随现代科技与社会进步，大学生要随时注意修订职业目标，尽量使自己的职业选择与社会的需求相适应，一定要跟上时代发展的脚步，适应社会需求，才不至于被淘汰出局。

（5）本人的职业兴趣。在做职业生涯规划时，还要考虑本人的职业兴趣，例如：喜欢旅行（适合于经常出差的职业）；喜欢温暖湿润的气候（适合在华南工作）；喜欢自己做出决定（应该自己做老板）；喜欢住在中等城市；不想为大公司工作；喜欢穿休闲服装上班；不喜欢整天在桌子后面工作；等等。

2. 在自己适合从事的职业中，哪些是社会发展迫切需要的

做职业生涯规划时，还要把目光投向未来，研究清楚如下问题：本人的工作，十年后会怎么样？自己的职业在未来社会需要中，是增加还是减少？自己在未来的社会中的竞争优势，随着年龄的增加是不断加强还是逐渐削弱？在自己适合从事的职业中，哪些是社会发展迫切需要的？等等。社会在进步，在变革，作为即将步入社会的大学生们，应该善于把握社会发展脉搏。这就需要做社会大环境的分析：当前社会、政治、经济的发展趋势；社会热点职业门类分布及需求状况；所学专业在社会上的需求形势；自己所选职业在目前与未来社会中的地位情况；社会发展对自身发展的影响；自己所选择的单位在未来行业发展中的变化

情况，在本行业中的地位、市场占有及发展趋势等。对这些社会发展大趋势问题的认识，有助于自我把握职业社会需求，使自己的职业选择紧跟时代脚步。

3. 规划自己的职业通路

职业生涯规划需有时限，面对发展迅速的信息社会，仅仅制定一个长远的规划显得不太实际，因而，有必要根据自身实际及社会发展趋势，把理想目标分解成若干可操作的小目标，灵活规划自我。一般说来，以 5～10 年的时间为一规划段落为宜。这样就会很容易跟随时代需要，灵活地调整自我，太长或太短的规划都不利于自身成长。具体可有两种方式：一是根据自己的年龄划分目标，如 25～30 岁职业规划、2020—2025 年职业规划；二是根据职业通路中的职位、职务阶段性变化为划分标准，制定不同时期的努力方向，如 5 年之内向部门经理职位冲刺，10 年内成为主管经理。

三、职业生涯规划的具体方法和步骤

1. 职业生涯设计的具体方法

许多职业咨询机构和心理学专家进行职业咨询和职业规划时常采用的一种方法就是有关 5 个"W"的思考模式。从问自己是谁开始，然后顺着问下去，共有 5 个问题：

第一个问题："我是谁？"（Who am I？）应该对自己进行一次深刻的反思，有一个比较清醒的认识，优点和缺点，都应该一一列出来。

第二个问题："我想干什么？"（What will I do？）这是对自己职业发展的一个心理趋向的检查。每个人在不同阶段的兴趣和目标并不完全一致，有时甚至是完全对立的，但随着年龄和经历的增长而逐渐固定，并最终锁定自己的终身理想。

第三个问题："我能干什么？"（What can I do？）这是对自己能力与潜力的全面总结，一个人职业的定位最根本的还要归结于他的能力，而他职业发展空间的大小则取决于自己的潜力。对于一个人潜力的了解应该从几个方面着手去认识，如对事的兴趣、做事的韧力、临事的判断力以及知识结构是否全面、是否及时更新等。

第四个问题："环境支持或允许我干什么？"（What does the situation allow me to do？）这种环境支持在客观方面包括本地的各种状态比如经济发展、人事政策、企业制度、职业空间等；人为主观方面包括同事关系、领导态度、亲戚关系等，两方面的因素应该综合起来看。有时我们在职业选择时常常忽视主观方面的东西，没有将一切有利于自己发展的因素调动起来，从而影响了自己的职业切入点。

明晰了前面四个问题，就会从各个问题中找到对实现有关职业目标有利和不利的条件，列出不利条件最少的、自己想做而且又能够实现的职业目标，那么第五个问题有关"自己最终的职业目标是什么"（What is the plan of my career and life？）自然就有了一个清楚明了的框架。最后，将职业生涯计划列出来，建立个人发展计划书档案，通过系统的学习、培训，实现就业理想目标：选择一个什么样的单位，预测自我在单位内的职务提升步骤，个人如何从低到高逐级而上。例如从技术员做起，在此基础上努力熟悉业务领域、提高能力，最终达到技术工程师的理想生涯目标；预测工作范围的变化情况、不同工作对自己的要求及应对措施；预测可能出现的竞争，如何相处与应对，分析自我提高的可靠途径；如果发展过程中出现偏差，如果工作不适应或被解聘，如何改变职业方向。

2. 职业生涯规划的具体步骤

（1）自我评价。也就是要全面了解自己。一个有效的职业生涯设计必须是在充分且正确认识自身条件与相关环境的基础上进行的。要审视自己、认识自己、了解自己，做好自我鉴定及评估，包括自己的兴趣、特长、性格、学识、技能、智商、情商、思维方式等。即要弄清我想干什么、我能干什么、我应该干什么、在众多的职业面前我会选择什么等问题。

（2）确立目标。确立目标是制定大学生职业生涯规划的关键，通常目标有短期目标、中期目标、长期目标和人生目标之分。长远目标需要个人经过长期艰苦努力、不懈奋斗才有可能实现，确立长远目标时要立足现实、慎重选择、全面考虑，使之既有现实性又有前瞻性。短期目标更具体，对人的影响也更直接，也是长远目标的组成部分。

如：短期目标也即大学阶段的目标，时间从当前至大学毕业前；中期目标从大学毕业后至毕业后五年内；长期目标从毕业后五年至毕业后十年。大学生职业生涯规划以短期目标为重点。短期目标包括职业目标：你将做什么职业，成为什么样的角色，也包括具体的目标，比如自身素质的提高，包括英语水平、计算机水平、各种专业技能证书、社会实践和实习计划。

（3）环境评价。职业生涯规划还要充分认识与了解相关的环境，评估环境因素对自己职业生涯发展的影响，分析环境条件的特点、发展变化情况，把握环境因素的优势与限制，了解本专业、本行业的地位、形势以及发展趋势。

（4）职业定位。职业定位就是要为职业目标与自己的潜能以及主客观条件谋求最佳匹配。良好的职业定位是以自己的最佳才能、最优性格、最大兴趣、最有利的环境等信息为依据的。职业定位过程中要考虑性格与职业的匹配、兴趣与职业的匹配、特长与职业的匹配、专业与职业的匹配等。职业定位应注意：①依据客观现实，考虑个人与社会、单位的关系；②比较鉴别，比较职业的条件、要求、性质与自身条件的匹配情况，选择条件更合适、更符合自己特长、更感兴趣、经过努力能很快胜任、有发展前途的职业；③扬长避短，看主要方面，不要追求十全十美的职业；④审时度势，及时调整，要根据情况的变化及时调整择业目标，不能固执己见，一成不变。

（5）实施策略。就是要制定实现职业生涯目标的行动方案，要有具体的行为措施来保证。没有行动，职业目标只能是一种梦想。要制定周详的行动方案，更要注意去落实这一行动方案。

（6）评估与反馈。整个职业生涯规划要在实施中去检验，看效果如何，及时诊断生涯规划各个环节出现的问题，找出相应对策，对规划进行调整与完善。由此可以看出，整个规划流程中正确的自我评价是最为基础、最为核心的环节，这一环做不好或出现偏差，就会导致整个职业生涯规划各个环节出现问题。

只有当学生能够正确认识自我，设定好自己未来的方向，才能够有的放矢地对自身能力及素养进行分析，找到自身的优势及薄弱之处，制订好行动计划，采取相应的措施来加强学习，这样在毕业的时候才能够顺利地找到心仪的工作。

1. 你对自己的认识程度怎样？你了解自己的职业兴趣吗？课后在网上进行卡特尔16PF

人格测试，了解自己的人格特质。另外，霍兰德职业兴趣量表测试能够帮助你更加了解自己的职业兴趣。在此基础上，制定一份属于自己的职业生涯规划书。

2. 对过去的我、现在的我、未来的我做评估和展望，填写下面的表格。10分钟后大家一起分享交流，小组交流中，每个人都拿出自己写的给其他人看，边展示边说明，注意自己与他人的内心反应。

过去的我	
现在的我	
未来的我	

现在的我与过去的我相比，有进步吗？要实现未来的我，需要做什么努力呢？现在就制订一个实现"未来的我"的计划吧。

经典诵读

知己知彼，百战不殆。

【出处】春秋·孙武《孙子兵法·谋攻篇》

【释义】如果对敌我双方的情况都能了解透彻，打多少次仗都不会失败。

【解读】"知己知彼，百战不殆"是孙子兵法最光辉的军事思想，同时他提倡的谋略也是建立在了解敌我双方力量的基础上的，因此我们认为它始终贯穿于《孙子兵法》之中。何谓"知己"，即对自身条件进行严格审查和分析，这样才能做好客观的分析，才能知道我方的军事优势何在，以此进行谋略和战术安排。何谓"知彼"，即对敌方的力量能进行深入的了解，分析敌人的优势和劣势，以做到避强击弱，因敌谋略，采取不同的应战方案。"知己知彼"是为了"运筹于帷幄之中"，以"决胜于千里之外"。

二、行为养成篇

第五章

讲文明　知礼仪

　　文明礼仪是人类为维系社会正常生活而要求人们共同遵守的最起码的道德规范，它是人们在长期共同生活和相互交往中逐渐形成，并以风俗、习惯和传统等方式固定下来的。文明礼仪不仅是个人素质、教养的体现，也是个人道德和社会公德的体现，更是城市的素养、国家的脸面。所以，我们作为具有五千年文明史的"礼仪之邦"的成员，就更应该用文明的行为举止，合理的礼仪来待人接客。这也是弘扬民族文化、展示民族精神的重要途径。

 课堂导读

曾子避席

　　"曾子避席"出自《孝经》，是一个非常著名的故事。曾子是孔子的弟子，有一次他在孔子身边侍坐，孔子就问他："以前的圣贤之王有至高无上的德行，精要高妙的理论，用来教导天下之人，人们就能和睦相处，君王和臣下之间也没有不满，你知道它们是什么吗？"曾子听了，明白老师孔子是要指点他最深刻的道理，于是立刻从坐着的席子上站起来，走到席子外面，恭恭敬敬地回答道："我不够聪明，哪里能知道，还请老师把这些道理教给我。"在这里，"避席"是一种非常礼貌的行为，当曾子听到老师要向他传授道理时，他站起身来，走到席子外向老师请教，是为了表示他对老师的尊重。曾子懂礼貌的故事被后人传诵，很多人都向他学习。

面试

　　北京有一家外资企业招工，对学历、外语、身高、相貌的要求都很高，但薪酬挺高，所以有很多高素质人才都来应聘。这几个年轻人，过五关斩六将，到了最后一关：总经理面试。这些年轻人想，这很简单，只不过是走走过场罢了，准十拿九稳了。

　　没想到，这一面试出问题了。一见面，总经理说："很抱歉，年轻人，我有点急事，要出去10分钟，你们能不能等我？"年轻人说："没问题，您去吧，我们等您。"老板走了，年轻人一个个踌躇满志，得意非凡，闲不着，围着老板的大写字台看，只见上面文件一摞，信一摞，资料一摞。年轻人你看这一摞，我看这一摞，看完了还交换：哎哟，这个好看。

　　10分钟后，总经理回来了，说："面试已经结束。""没有啊，我们还在等您啊。"老板说："我不在的这一段时间，你们的表现就是面试。很遗憾，你们没有一个人被录取。因为，本公司从来不录取那些乱翻别人东西的人。"哎呀，这些年轻人一听啊，捶胸顿足。他们为什么这么感慨万千呢？他们说："我们长这么大，就从来没听说过不能乱翻别人的东西。"

　　请同学们分享日常生活中看到的讲文明、懂礼仪的故事，谈一谈在当今社会情势下文明礼仪是否重要，为什么。

第一节 文明礼仪知多少

言行举止有礼貌，能使人与人之间少一分苦恼，多一分快乐，少一分冷漠，多一分温情，少一分庸俗，多一分高尚。对个人来说，礼仪是一个人的思想道德水平、文化修养、交际能力的外在表现；对一个社会来说，礼仪是一个国家社会文明程度、道德风尚和生活习惯的反映。重视、开展礼仪教育已成为道德实践的一个重要内容。

一、什么是文明礼仪

文明礼仪是人类为维系社会正常生活而要求人们共同遵守的最起码的道德规范，它是人们在长期共同生活和相互交往中逐渐形成，并以风俗、习惯和传统等方式固定下来的。文明礼仪不仅是个人素质、教养的体现，也是个人道德和社会公德的体现，更是城市的素养。文明礼仪涵盖着社会生活的各个方面，从内容上看有仪容、举止、表情、动作、语言、服饰、谈吐、待人接物等；从对象上看有礼仪、公共场所礼仪、待客与做客礼仪、餐桌礼仪、馈赠礼仪、文明交往等。在人际交往过程中的行为规范称为礼节，礼仪在言语动作上的表现称为礼貌。

首先，文明礼仪的内容丰富多样，但它有自身的规律性和原则：一是敬人的原则，就是要尊重对方。二是自律的原则，就是在交往过程中要克己、慎重、积极主动、自觉自愿、礼貌待人、表里如一、自我反省、自我检点、自我约束，不能妄自尊大；三是适度的原则，适度得体，掌握分寸；四是真诚的原则，诚心诚意，以诚待人，不逢场作戏、言行不一。

其次，学习礼仪，要以提高本人自尊心为基础。自尊，即自我尊重，是希望被别人尊重、不向别人卑躬屈节，也不容别人侮辱、歧视的一种心理状态，是人的自我意识的表现，并以特定的方式指导人的行动，是一种积极的行为动机。正确的自尊心应具有待人谦逊、不骄不躁的品格。大学生在学会尊重他人时，自己也得到他人的尊重，自尊心在提高的同时，其内心的道德要求也在提高。所以，培养大学生高尚的人格，养成自尊、自爱、自律的良好品德显得尤为重要。礼仪教育可以作为动力和导向，在大学生的个体发展上发挥重要作用。

再次，学习"礼仪"要重在实践，一个人的礼仪只能在言行中才能反映出来，每个人都要在理解礼仪要求的基础上，敢于在日常的言行中、平时的待人接物中展现自己文明有礼的形象。一些学生平时也知道要讲文明、懂礼貌，但在公共场合或遭遇到不熟悉的人时，其"礼仪"规范就无法发挥，这是他们缺乏自信的表现。大学生要树立信心，在应用得体的礼仪言行的同时，塑造一个良好的形象，要敢于展示一个有礼、自信、文明的自我，并且充分利用各种场合、机会去表现这一点。

最后，礼仪也是校园文化的重要表现形式，具有良好礼仪习惯的人首先给人以"赏心悦目"之感，礼仪能调节人与人之间的关系。在学校，礼仪能使老师与学生、同学与同学之间的关系更加和谐、融洽、友善，使校园的文明氛围更加浓厚。

二、文明礼仪的重要性

中华文明礼仪，是中华传统美德宝库中的一颗璀璨明珠，是中国古代文化的精髓。身居礼仪之邦，应为礼仪之民。知书达礼，待人以礼，应当是当代大学生的一个基本素养。文明礼仪在当今社会有着特别重要的意义，既能够帮助一个人顺利完成某项任务，又能在必要的时候起到锦上添花的作用。

第一，文明礼仪是一个人外在美与内在美的有机结合，是一个公民思想道德文化素质的标志。对个人而言，文明礼仪是衡量道德水准和有无教养的尺度。一个人以其高雅的仪表风度、完善的语言艺术、良好的个人形象，展示自己的气质修养，赢得尊重，将是自己生活和事业成功的基础。

第二，文明礼仪是一个民族进步的标志，在社会生活中，人们常常把礼仪看作是一个民族精神面貌和凝聚力的体现，把文明礼貌程度作为衡量一个国家和民族是否发达的标志之一。

第三，文明礼仪可以迅速提高某一个团队或集体的形象，讲文明，有礼貌，懂礼仪，对于一个集体的发展，有着重要的现实意义和进步意义，它代表着一种深刻的道德力量，这种道德力量潜移默化地体现在每一个个体身上，它将会成为一种伟大的团队精神，能够弘扬正气，增强凝聚力，陶冶情操，净化心灵。一个注重礼仪的集体能够迅速改善精神面貌，增强凝聚力。

第四，在市场竞争日益激烈的今天，除了拥有精湛的专业技能之外，还必须讲究文明礼仪。对于大学生而言，更是如此。大学生的社交礼仪有利于大学生与他人建立良好的人际关系，形成和谐的心理氛围，促进大学生的身心健康；有利于促进大学生的社会化，提高大学生的社会心理承受力；有利于强化大学生的文明行为，提高文明素质，促进社会主义精神文明建设。

课堂思考

找一找在中华传统文化中有哪些文明礼仪的成语或故事。每位同学至少找出3个。

第二节 大学生文明礼仪

大学生要从"知行合一"上下功夫、从自己的坐言起行上下功夫，做一个文明大学生。

一、大学生文明礼仪常规

接听电话礼仪

（1）学会规范用语：喂，你好，请问您找谁，请稍等，不用谢，再见，等等。
（2）如受话人不在，应客气地询问：要留口信吗？

(3) 对来电者不无端盘询。

(4) 同学家长来电话，可称呼叔叔或阿姨。

(5) 掌握好通话时长，不长时间占用公用电话。

(6) 不在公共场合打涉及个人隐私的电话。通话时音量适中。

(7) 与人交往过程中需接电话先致歉或征得同意，并及时结束通话。

(8) 通话结束时，应稍候，估计对方话机离耳后再挂断。

(9) 误拨号码，应主动致歉。

(10) 别人通话时，与通话人保持适当距离。

乘坐电梯礼仪

(1) 先下后上，依序出进。

(2) 长者优先，女士优先，但不在电梯门口过度推让。

(3) 进电梯后尽量不站在进门处。

(4) 面朝门同一方向站立。

(5) 等待即将到达者。

(6) 主动帮助不方便者按电梯按钮。

(7) 请别人帮忙，不越过别人身体按钮。

(8) 不当众整装，适当保持距离。

(9) 不吸烟，尽量避免交谈。

课堂礼仪

(1) 穿着整齐。

(2) 进门面带微笑，平视教室。

(3) 如果老师在教室，应向老师致意。

(4) 如果迟到，应向老师报告致歉。

(5) 带好相关书籍与笔记本，最好不带与上课内容无关的物品、书籍。

(6) 发言或提问要举手经老师同意并起立。

(7) 上课不睡觉，不吃零食，听课不出声。

(8) 手机等通信工具应关闭或调至无声状态。

(9) 下课不起哄，按秩序离开教室。

(10) 最后一个离开教室，应自觉关灯，关门。

就餐礼仪

(1) 先请长者、女士入座。

(2) 嚼食时闭嘴唇，不可出声。

(3) 不挥舞筷子，不同时拿筷及匙。

(4) 食物应夹入自用食器后再吃。

(5) 不翻捡菜肴，不用自己的餐具给别人夹菜。

(6) 不大声交谈，不过度劝酒、劝菜。

(7) 对服务人员应有礼貌。

（8）熟悉遵守不同进餐方式的礼节。

（9）不当众剔牙、漱口。

（10）不浪费粮食。

（11）熟悉尊重异国和当地民族的礼节。

出行礼仪

（一）外出交往礼仪

（1）自己衣着干净整洁，无异味。

（2）遇到老师和长辈要主动停下来打招呼，遵守社会公共秩序。

（3）当遇到拥堵等特殊场合，要礼让老人、妇女和小孩。

（二）行走礼仪

（1）步行要走人行道，过马路要走人行横道，不乱闯红灯。

（2）行人之间要互相礼让，主动帮助老、弱、病、残、孕者，如果不小心撞了别人或踩着别人的脚，要主动道歉。

（3）走路遇到熟人，应主动打招呼或进行问候。如果在路上碰到久别重逢的朋友需要交谈，应靠边站立，不要站在路当中或拥挤的地方。

（4）走路要目光直视，不要左顾右盼，东张西望。男性遇到不相识的女性，不要久久注视，甚至回头追视。

（5）走路时不要边走边吃东西，要爱护环境卫生，不要随地吐痰、随手抛弃脏物。

（三）骑自行车礼仪

（1）骑自行车要严格遵守交通规则，在非机动车道上靠右边行驶，不逆行；转弯时不抢行猛拐，要提前减慢速度，看清四周情况，以明确的手势示意后再转弯。

（2）经过交叉路口，要减速慢行、注意来往的行人、车辆；不闯红灯，遇到红灯要停车等候，待绿灯亮了再继续前行。

（3）骑车时不要双手撒把，不多人并骑，不互相攀扶，不互相追逐、打闹。

（4）骑车时不攀扶机动车辆，不撑雨伞，不载过重的东西，不骑车带人，不在骑车时戴耳机听广播。

（5）遇到老弱病残者动作迟缓，要给予谅解，主动礼让。

（四）乘公共汽车礼仪

（1）乘坐公共汽车上车时，应开心地对司机说声"你好"，下车时对司机说声"谢谢"。

（2）当你上车时，要主动依次排队上车；看见后面有人在奋力追赶，你应该提醒司机注意，并让司机尽可能等一等。

（3）在车厢里不要大声喧哗，站在车厢里要扶好站稳，以免刹车时碰着、踩着别人，万一碰了别人要主动道歉。如果坐着，当遇到有人需要座位时，要主动热情让座。

（4）下雨天乘车，在上车前应把雨伞折拢，雨衣脱下叠好，不要把别人的衣服弄湿。乘车时不要穿油污衣服，不带很脏的东西，以免弄脏别人。必须带上车的，要招呼别人注意，并放到适当的地方。

（5）人多时，车上遇到熟人只要点头示意，打个招呼即可，不要挤过去交谈，更不要远距离大声交谈。

（6）到站前，提前向车门移动时，要向别人说"请原谅""对不起""麻烦让一下"。下车时要按次序下，注意扶老携幼。

（五）乘出租车礼仪

（1）路边招停，以不影响公共交通为宜。

（2）女士登车不要一只脚先踏入车内，也不要爬进车里。须先站在座位边上，把身体降低，让臀部坐到位子上，再将双腿一起收进车里。

（3）上车时，年长者或女士先上；下车时，年轻者或男士先下。

（4）保持车内卫生，不往车外吐痰、扔杂物，应将痰吐在纸巾里，下车时随其他杂物随身带走。

（5）在没有禁止吸烟的车上，如要吸烟，应征得司机同意，不可将烟灰弹落在车内，不将烟蒂扔到窗外。

（六）乘船礼仪

（1）持票排队上船，对号入座或铺位，年轻人或男士应照顾女士、老人、儿童和残疾人。

（2）不能随意在舱内的走道和甲板上奔跑追逐，不要随意触摸船上的各种开关和设施。

（3）船在航行时，白天不要在船舷上舞动花衣服和手绢，晚上不要拿手电筒乱照，避免被其他船只误认为旗语或信号。

公务礼仪

（一）重大活动邀请领导出席礼仪

（1）尽量提前邀请。

（2）活动主办单位的最高领导向被邀请人亲自邀请，如委托他人邀请，应及时电话致歉并简要说明原因。

（3）最好有书面请柬，准确告知时间、地点。

（4）需要领导讲话或有其他仪式需领导参加时，必须在邀请时一并提出，切忌临场请领导讲话。

（5）领导出席时，活动主办单位领导应提前迎接，并将领导带入现场就座。

（6）请多个领导时应注意领导排序。

（7）重大活动需领导书面讲话时，应事前详细告知活动内容及意义，以便于领导准备讲稿。

（8）活动结束，要欢送领导退场至门外，必要时可送领导至车上。

（二）会议、活动主持人礼仪

（1）明确、熟悉会议活动程序。

（2）服饰端庄、整洁。

（3）较早带好材料进入现场。

（4）适当化妆，精神饱满。

（5）主持语言简意赅，最好事前准备好主持稿。

(6) 应按顺序介绍出席的领导。

(7) 注意调节、控制好会议、活动的气氛和议题。

(8) 应示意与会人员欢迎、欢送领导嘉宾入场、退场。

(9) 会议、活动结束时,应向与会人员或观众致谢。

(三) 赴办公室办事礼仪

(1) 不越级找领导办公。

(2) 赴领导办公室,尽可能事前应电话预约。

(3) 进门前轻声敲门,得到许可后方可进入。

(4) 得到办公室主人许可后方可就座。

(5) 迅速把问题提出,请求答复解决。

(6) 不翻看桌面文件、书籍和其他物品。

(7) 不在他人办公室内抽烟,不向老师、长者敬烟。

(8) 不在他人办公室内接听手机、电话。

(9) 不把无关人员带入办公室。

(10) 不在办公室内来回走动。

(11) 办完事后,应致谢并尽快退出办公室。

(12) 退出办公室时应轻声把门关好。

参加集体活动礼仪

(1) 不迟到。

(2) 不着艳妆,服饰整洁大方得体。

(3) 依次进场,按指定位置入座。

(4) 有奏国歌仪式时,应起立肃静(面向国旗行注目礼)。

(5) 不使用通信工具。

(6) 不吹口哨,不起哄,不喝倒彩。

(7) 欣赏高雅艺术,不在演员或指挥致谢前鼓掌。

二、大学校园常见不文明行为

在大学校园仍有许多不知礼、不守礼、不文明的行为,还有许多与大学生礼仪修养与精神文明建设极不和谐的现象。

(一) 教室不文明现象

(1) 在课桌上乱刻画。

(2) 在墙壁乱涂鸦,踩脚印。

(3) 互相抄袭作业、考试作弊等。

(4) 不尊师重道,无视课堂纪律,课堂嘈杂。

(5) 走进教室还在吃早餐。

(6) 情侣在教室内过分亲密,旁若无人。

(7) 迟到、早退、逃课现象严重。

综合素质拓展（第一册）

(8) 上课时不认真听讲，而是在看小说，或者睡觉。
(9) 上课的时候不将手机调为振动或者关机。
(10) 老师点名时，请人代答到，或者主动帮好朋友代答。
(11) 毫不重视选修课，而是将选修课当成一种负担，或者说是专门混学分。
(12) 迟到后从前门大声推门，横冲直撞，视老师与同学们正在进行的课堂而不见。

（二）图书馆不文明现象

(1) 在图书馆将看过的图书乱放，不还原。甚至把专供阅读的好书私自藏匿到隐蔽处。
(2) 面对散落在地上的书，举手之劳就可以帮着收拾好却无动于衷。
(3) 撕掉图书的条形码、磁条后，将图书馆的书不通过正常借书手续带出图书馆。
(4) 在图书馆用自己的物品长期抢占座位，有时候又长期不来。
(5) 抢占了座位，却还心安理得，甚至洋洋得意。
(6) 把图书或者报纸中自己喜欢的页面"开天窗"。
(7) 在图书馆藏书上乱勾乱画，随意涂写，完全当成自己的课本。
(8) 占用图书馆空间资源取暖、乘凉、睡觉，甚至把图书馆当成茶馆。
(9) 安静的图书馆突然手机铃声大作，有的甚至原地大声接听。

（三）宿舍不文明现象

(1) "顺手牵羊"贪占小便宜，如偷校服、MP3或其他物品。
(2) 休息时间在宿舍内喧哗、打电话、打牌、唱歌，影响他人休息。
(3) 楼上的同学晾湿衣服时，不顾及楼下是否有晾晒的衣服或者棉被。
(4) 乱拿别人东西。
(5) 往水池里倒剩饭、茶叶等物造成堵塞。
(6) 浪费水电：开长明灯，放长流水。
(7) 在学生公寓的走廊里踢足球、打篮球。
(8) 带异性人员进入宿舍，甚至留宿。
(9) 在学生宿舍装针孔摄像头。
(10) 存在"个体"或者"大集体"偷窥女生寝室的行为。
(11) 夏天男生喜欢在宿舍楼里光膀子。
(12) 直接将烟蒂、快餐盒或其他的垃圾甩出窗外。
(13) 偶尔的意外停电后怪声怪气地叫，甚至向楼下扔东西。
(14) 寝室"夜话"，大谈一些"色情"类的话题。
(15) 夜间从一楼或二楼阳台翻出宿舍区。
(16) 在寝室聚众打麻将、斗地主等赌博行为。
(17) 私用电炉等其他学校明文禁止的大功率电器。

（四）餐厅不文明现象

(1) 在食堂餐厅吃饭浪费无度。
(2) 取饭不排队，就餐先占位，拥挤无序。
(3) 饭后不收拾餐盘，食堂就餐后餐盘不送到残食车上。
(4) 恋爱中的男女互相喂饭。
(5) 别人在吃饭，他（她）在那里吐痰、挖鼻子、摸脚等。

（五）网络不文明现象

（1）通宵泡网吧，夜不归宿。

（2）沉迷于网络游戏、聊天，浏览不健康信息，网络色情聊天。

（3）不正当"网恋""网见"。

（4）制作、传播病毒、"流氓"软件，做黑客恶意攻击或骚扰他人电脑。

（5）盗用他人网络账号，如 QQ 账号与密码等。

（6）发送不文明、不健康的垃圾信息与邮件。

（7）观看和传播黄色书刊或音像制品。

（8）在网络上发布一些有违事实的言论与虚假的信息。

（9）网络欺诈。

（10）网络赌博。

（11）网上教唆违法行为。

（12）网络调查恶意投票。

（六）其他不文明现象

（1）经常讲粗话骂人或给同学起不雅绰号。

（2）打架斗殴。

（3）以大欺小，以强欺弱，敲诈勒索钱物。

（4）随手乱扔垃圾，随地吐痰。

（5）在教室、食堂、厕所、宿舍等场所抽烟、酗酒。

（6）不尊重校内工作人员的劳动成果。

（7）跟曾经给自己上过课的老师见面招呼也不打。

（8）交友不良，与社会上不三不四的人打得火热。

（9）偷窥别人隐私。

（10）男女生不正当交往，还经常以此为荣。

（11）以自我为中心，做了错事不承认。

（12）背后议论别人，当面嘲笑他人。

（13）娇生惯养，霸道无礼。

（14）在学校养宠物。

（15）毁坏树木践踏草坪，缺乏环保意识。

（16）经常晚睡晚起，衣冠不整、精神颓废。

（17）校园里骑车横冲直撞，甚至飙车。

（18）公共场所公开接吻，旁若无人。

（19）升旗时不敬礼、不唱国歌。

（20）女生穿吊带装、超短裙，男生穿背心、短裤、拖鞋进入教室、会议室、图书馆等正式场所。

（21）到处贴广告、宣传单。

（22）在公共卫生间门后涂鸦，繁荣"厕所文化"，很多内容不堪入目。

（23）故意弄张假证明骗一个贫困生指标，这样让那些真正贫困的人得不到真正的帮助。

（24）对老师的建议与批评不屑一顾。

测一测，你是文明的人吗？

大学生校园不文明行为调查问卷

亲爱的同学：

你好！学校是我家，文明靠大家。创造和谐文明的校园环境，营造健康的学习、生活氛围，促进学校思想道德文化建设水平的提高，是我们广大师生的共同心愿和责任。本次调查希望了解学校存在的校园不文明行为，我们希望大家在完成问卷的同时，为学校的文明建设贡献一份力量。

一、说明：

请同学们仔细阅读本问卷所设置的问题和选项，结合实际，选出或是填写你认为属实的内容。答案的选择和填写对你无任何影响，请同学们不要有任何顾虑。对于你的支持和配合，我们表示衷心的感谢！

二、要求：

1. 请如实填写，并在选项左侧的空格中打"√"，请不要和他人讨论。
2. 问卷请不要署名，不要做其他标记。

校园不文明行为调查问卷

（一）基本情况

1. 你的性别　　□男　　　　□女
2. 你的年级　　□大一　　　□大二　　　□大三　　　□大四　　　□已毕业
3. 你认为我校大学生整体文明程度如何？
　　□很好　　　□较好　　　□一般　　　□较差　　　□很差
4. 你认为我校大学生不文明现象主要集中在哪两个地方（选两项）？
　　□教室　　　□宿舍　　　□餐厅　　　□校外活动场所

（二）选择题

1. 你____看到有同学在教室吃早餐。　　□经常　　□偶尔　　□从不
2. 你对在教室吃早餐行为的看法是____。　□赞成　　□反对　　□无所谓
3. 你在上课或是自习时____听到手机铃声。　□经常　　□偶尔　　□从不
4. 在教室桌椅上涂鸦在学校很常见，我们称之为一种"课桌文化"，对于这种现象你的态度是____。　□赞成　　□反对　　□无所谓
5. 看到教室里留下的生活垃圾（包括食品包装及用过的卫生纸等），你的态度是____。
　　□十分反感　　□有些反对　　□无所谓
6. 当你正在上课时，外面走过的人会____。
　　□压低声音走过　　□仍是大声喧哗

7. 你觉得在教室大声讨论、打电话的现象____。
   □经常发生　　　□有，但不多　　　□没有

8. 白天光线很好的情况下，你____看到教室的照明灯亮着。
   □经常　　　□有，但不多　　　□没有　　　□不清楚

9. 对于在宿舍内大声播放音乐的现象，你的看法是____。
   □很反感　　　□有些反对　　　□只要不影响到自己，无所谓
   □很正常，自己也这样做

10. 在宿舍日常生活中，除去每周检查卫生值日外，平时宿舍整体卫生情况如何？____
    □每天都干净　　　□还行，就是有些脏乱　　　□一般不关注这些

11. 你____看到有人从草坪上走过。　　□经常　　　□偶尔　　　□从不

12. 对于许多大学生在宿舍或是教室吸烟的现象，你的看法是____。
    □十分反感　　　□有些介意　　　□无所谓，个人自由

13. 你觉得在买饭时插队现象____发生。
    □经常　　　□很少　　　□从不

14. 餐桌上____有他人遗弃的用来擦嘴的废纸。
    □经常　　　□很少　　　□从不

15. 当你在路上要吐痰时，你会____。
    □直接乱吐　　　　　　　　　　□吐在纸上并带走
    □有垃圾桶吐在桶里没有就随地吐　□其他

16. 你认为校园内男女同学交往和行为举止情况____。
    □还可以　　　□有些过分　　　□严重影响校园环境

17. 你____看到从图书馆中借来的图书有被人勾画或是破坏的痕迹。
    □经常　　　□有，但不多　　　□从不

18. 你觉得在你身边同学迟到早退的现象____。
    □很严重　　　□比较严重　　　□不太严重　　　□不严重　　　□不清楚

19. 你____逃课。　　　□经常　　　□偶尔　　　□从不

20. 在你身边是否有同学在晚上熄灯后聚众打牌赌博或是吸烟、喝酒？____
    □经常有　　　□有，但不经常　　　□没有　　　□不清楚

(三) 如何做一个讲文明的人

中华民族有五千多年的文明史，自古以来就是礼仪之邦。作为21世纪大学生，肩负着中华民族伟大复兴的历史重任。为了继承和发扬中华民族的优良文化传统，努力提高自己的综合素质，我们必须要对新时期、新要求下的文明有更为深刻、更全面的认识。文明是提高素质的前提，没有文明，素质就不能保证，就无法成为一名合格的大学生，也无法成为社会主义现代化建设的合格建设者和可靠接班人。为了成为一名合格的文明大学生，我们要从以下几点做起：

1. 杜绝在学习场所大声喧哗、打电话、吃东西等不文明现象的发生。
2. 按时上课，不迟到早退，不旷课，遵守课堂纪律。

3. 认真学习，诚实守信，不抄袭作业，考试不作弊。
4. 注意公共卫生，不随地吐痰、乱扔垃圾、随意践踏草坪，不吸烟、不酗酒。
5. 科学上网，不沉溺于网络和游戏，争做网络道德模范、文明使者、安全卫士。
6. 以校为家，爱护公共设施，不损坏公物，拒绝"课桌文化"。
7. 自尊自爱，举止文明，言行得当。
8. 买饭不插队，饭后主动收拾餐具，营造良好的就餐环境。
9. 遵守公共规则，维护正常的校园秩序，不随意张贴广告，乱摆宣传板，乱拉横幅。
10. 保持心理健康，尊敬师长，团结同学，互相帮助，彼此关爱。

 课后延伸

我们学校师生的行为是否文明？班级分成几个调查小组，对学校的不文明行为进行调查，最后形成我校大学生不文明行为调查报告并提出几点有效的改善意见。

 经典诵读

不迁怒，不贰过。

【出处】《论语·雍也》

【释义】自己有什么烦恼和愤怒不发泄到别人身上去，不要犯两次同样的错误。

【解读】孔子把"不迁怒，不贰过"作为"好学"的主要表现。一个真正好学的人，应该虚怀若谷。一旦发现自己的过失，不管别人是"善意批评"，还是所谓恶意嘲讽，他都不会迁怒于人，更不会为自己的错误找出许多辩解的理由。个人不仅应用这种态度来对待业务知识方面的某种缺陷，而且更应坚持用这种精神来加强自己的人格修养。这样"不迁怒，不贰过"，时时注意修正自己、完善自己，恐怕也正是孔子一生孜孜不倦地追求的完美境界。

第六章

守纪律　讲规矩

纪律是为维护集体利益并保证工作顺利进行而要求成员必须遵守的规章、条文；规矩是要求人们共同遵守的办事规程和行为准则。大学生的健康成长离不开纪律、规矩的约束，守纪律、讲规矩是现代文明社会的基本要求，更是大学生的行为底线。当下，一部分大学生组织纪律性不够强，自我约束能力比较弱，甚至以低级、庸俗、负面为时尚，难守政治底线、法律底线和道德底线。守纪律和讲规矩已是当前大学生必须具备的基本素质。

课堂导读

"我今天一定要进去！必须要进去！"女子马某带着女儿赶到杭州城站火车站安检口时，已是11点50分，她们要乘坐的K1264次列车定于11点53分发车，已经停止检票，而且马某手上只拿着身份证，并没有车票。马某不顾民警阻拦，想要往里冲。受到民警警告制止后，情绪激动的马某，一口咬住了民警的右臂，当场被特保控制，并以扰乱公共秩序和阻碍执行职务，被处行政拘留七日并处罚款200元。

作为当代大学生的你是怎么看这个问题的？

第一节　守纪律、讲规矩是党的优良传统

2015年1月13日，习近平总书记在十八届中央纪委五次全会上的讲话指出，"要加强纪律建设，把守纪律、讲规矩摆在更加重要的位置"，强调了严明纪律的重要意义，提出了纪律建设的明确要求，指出了党风廉政建设和反腐败斗争的着力方向。

中华民族自古就有讲究礼法、重视法度的传统，提倡做人做事要规规矩矩。古人说："欲知平直，则必准绳；欲知方圆，则必规矩。"韩非子所谓"万物莫不有规矩"，孟子所谓"不以规矩，不能成方圆"，司马迁所谓"人道经纬万端，规矩无所不贯，诱进以仁义，束缚以刑罚"，讲的都是规矩的普遍性、重要性。

没有规矩，不成方圆。没有纪律，不成政党。制定了纪律和规矩却不严守，那必定是做不了大事、没有前途的政党。作为马克思主义执政党，我们党90多年艰难曲折的奋斗，可以说正是靠着严格的纪律和规矩走过来的。

党成立伊始，就强调立规矩、讲纪律。党的一大通过的党的第一个纲领，对党的性质、基本任务、组织体制，以及党员政治立场、保守秘密要求等都做出了明确规定，定下了管党治党的初步框架。党的二大通过的第一部党章，把第四章专列为"纪律"，明确了九条纪律

和规矩，并强调"绝对服从"。

延安整风初期，为了统一全党的思想，毛泽东在1941年9月中央政治局扩大会议上提出了一个著名的论断，"路线是'王道'，纪律是'霸道'，这两者都不可少"。意思是党的建设，既要靠正确的路线方针来指导，也要靠铁的纪律来约束。视纪律为"霸道"，是强调其刚性约束，党员干部对纪律必须有敬畏之心，不敬畏，就不会去认真遵守，就会影响党的路线方针政策的贯彻落实。1942年普遍整风开始后，毛泽东又讲："身为党员，铁的纪律就非执行不可，孙行者头上套的箍是金的，共产党的纪律是铁的，比孙行者的金箍还厉害，还硬！"这就是"认真"，就是"霸道"。对纪律和规矩心存敬畏，才可能形成自觉。

西柏坡是我们党在农村的最后一个指挥所，但同样是严纪律、立规矩的地方。1948年，解放战争开始打得比较顺利时，党内无纪律倾向有所抬头，做决策不请示报告的情况屡有发生。毛泽东对此高度警觉，要求全党懂得"必须消灭现在我们工作中的某些严重的无纪律状态或无政府状态"。1948年9月，中央政治局专门召开扩大会议，主要议题就是"军队向前进，生产长一寸，加强纪律性，革命无不胜"。会议强调要建立请示报告制度，党的下级的重要决议必须呈报党的上级组织批准以后方准执行；各级党的领导机关，必须将不同意见的争论，及时地、真实地向上级报告，其中重要的争论必须报告中央。随后，即将进入北平时，我们党在西柏坡召开的七届二中全会确定了必须遵循的"六条规定"：一、不做寿；二、不送礼；三、少敬酒；四、少拍掌；五、不以人名作地名；六、不要把中国同志同马恩列斯平列。这是党中央"进京赶考"前定下的"规矩"。这些做法，对我们党最终取得新民主主义革命的伟大胜利，进而顺利地转变为在全国执政的执政党，有着重大意义。习近平2013年7月到西柏坡视察时，敏锐地点出了这个意义。他在当年中央政治局开会的屋子里与人们座谈时说："这里是立规矩的地方。党的规矩、制度的建立和执行，有力推动了党的作风和纪律建设。"

历史告诉我们，我们党历经千锤百炼，由弱小到强大，从苦难到辉煌，一大法宝就是有严明的纪律和规矩。严明党的纪律和规矩是我们党的优良传统和独特优势，是克服各种艰难险阻、战胜各种风险挑战的重要法宝，是我们的事业不断从胜利走向新的胜利的可靠保证。

国有国法，家有家规，校有校纪，没有规矩不成方圆。一所学校没有严格的规定，就不能得到长久的发展。从人的本性上来说，没有人喜欢被纪律约束，人们更多的是对自由的渴望，对无拘无束的生活的向往；但是没有纪律约束的自由不是真正的自由。"纪律能够创造集体的美"，在我们满怀自信积极奔跑在人生跑道上的时候，请不要忽略了从早到晚伴随在我们身旁的这位严肃的朋友——它就是纪律，时刻提醒自己，遵守纪律，文明做人，使我们的校园秩序更加井然，我们的生活更加自由，我们的学习更加有条理！我们应该按照学校大学生守则的要求，规范自己的言行，遵守学校的一切规章制度，做一个懂规矩、守纪律的文明学生。

第二节　大学生规矩价值观的缺失忧患

在日益开放包容的社会环境中，许多"90后"乃至"00后"的当代大学生伴随着时代的快速发展，无疑更加富有创新创造的个性和对自由状态的向往与追求，他们特别渴望自我的能量释放与价值实现，大多希望成为"不走寻常路"的独特自我。但是，一些大学生在极端强调"自由状态"的同时，常常漠视了"应然状态"，现实中极易把自由与规矩对立起来，表现出对合理规矩的无视和拒斥。

一、大学生规矩价值观缺失的主要表现

（一）规矩面前无意识

马克思在论及人的社会性本质时指出："人把自身当作现有的、有生命的类来对待，因为人把自身当作普遍的因而也是自由的存在物来看待，人的类特性恰恰就是自由的有意识的活动。"现实中，一些大学生无视人的社会属性，缺乏科学的规矩价值观，言行举止表现出强烈的天马行空般的偏好，一切都任性地"跟着感觉走"，大脑中没有规矩，行为上无视规矩。可以说，这些大学生心目中对规矩是"无意识"的，他们不能正确理解人的本质社会属性，从而罔顾规矩对人存在和发展的现实意义，在日常行为中呈现出无视法纪、目空一切的"自由化"行为，既不利于个人健康成长，也会对社会和谐产生冲击和震荡。

（二）规矩面前较轻视

当代大学生从接受教育开始就一直接受着纪律教育，到了大学，纪律教育也没有中断过。大学中，自由支配时间更多、自由活动空间更大。从总体看，当代大学生是积极向上的，但有一部分大学生的组织观念、纪律性开始滑坡了，对班级规定只凭心情遵守，一切由自己说了算，想逃课就逃课，想干啥就干啥，你说你的我干我的，或者是"虚心接受，坚决不改"。在他们眼里，大学生的独立人格就是自己决定自己的一切，对规矩比较轻视，自我约束能力比较弱。

（三）规矩面前重功利

还有一些大学生面对规矩表现出强烈的功利主义色彩，一切以私利满足为裁量尺度，凡是认为与自我利益同向的规矩就认同和遵守，否则便使出浑身解数去钻规矩的空子，导致规矩屡屡让位于私利。比如，考试作弊，明明知道会处罚严厉，后果严重，很不光彩，可是为了顺利过关，或者为了得高分以利于评奖、评优、入党等，在利益的驱使下，怀着侥幸的心理踩了红线。再如，有的大学生本身家境富足，但为了享有贫困生资助，则通过各种方式不择手段地获得了一些虚假而"规规矩矩"的材料，最终极不光彩地获取了贫困生资助。诸如此类的现状反映了一些大学生用自我的尺度任意裁量规矩、利用规矩的现实。这些大学生没有认识到规矩对于社会和国家整体利益的重要价值，最终从根本上带来对个人利益的长远损害。

（四）规矩面前比"时尚"

有的大学生，无论在课堂内，还是在课堂外，对待社会的阴暗面态度不鲜明，对于那些充满低级趣味、庸俗不堪的话题总是表现出浓厚的兴趣，甚至以抗拒和破坏规矩为荣，以低级、庸俗、负面为时尚，津津乐道，纷纷模仿。有些大学生沉迷于网络世界出不来，对于政治理论课和正面的宣传教育活动他们总是感到不胜其烦，不是逃课缺席，就是你说你的，我玩我的，手机不离手，一问三不知。最终因"随心所欲"而"逾矩"，既影响到个体的健康成长与和谐发展，也必然无益于国家和社会的整体利益。

（五）规矩面前缺底线

缺乏政治素养、思想道德素质不高、不讲规矩、对法律没有敬畏之心的大学生，自然难

以坚守政治底线和法律底线。他们在大是大非面前不能做出正确的判断，政治敏锐性不强，喜欢传播和偏听偏信小道消息，偏爱吐槽泄愤，充当小愤青。他们的法律观念淡薄，虽然学过考过，但是真正理解掌握的不多，在大学生中因无知而踏上"地雷"的违法案子占有一定的比例；有些学生过于自信，总以为自己与违法距离很远，根本不沾边，结果一不小心踩了"红线"。大学生坚守道德底线的问题早已是人们普遍关心的问题。从观念到行为、从涉及面到严重程度都令人担忧，如有的大学生缺乏诚信，重利轻义，薄情寡义；有的大学生待人接物不讲原则，为人处世不讲规矩，对事对人不讲责任，甚至不知廉耻、不要良知。尽管这样的大学生为数不多，但搞坏了校园风气，扰乱了校园秩序，造成负面影响。

二、大学生规矩价值观缺失的忧患

"人生而自由，却无处不在枷锁中"，卢梭的《社会契约论》告诉世人这个道理：你是自由的，但永远都戴着社会给你定制的枷锁。这一有些片面和消极的观点也给人们提供了有益的启示，即作为现实社会的每一个人，都不可能脱离纪律自由的规约。现实中，大学生规矩价值观缺失会带来种种忧患。

（一）迷失规矩会航程走偏

对于那些缺失规矩的大学生来说，正如人生的航船失去了航线，在左冲右突的航行中越走越偏甚至触礁沉船，难以由现实的此岸抵达理想的彼岸。我们不难看到有这样一些大学生，他们树立了远大而宏伟的人生目标，对未来愿景也拥有美好的规划和设计，但是，他们在追求这些目标的过程中，却常常忽视了正确的道路选择和必要的规则遵守，也即是说没有找到立足现实的可行性路径，最终陷入欲速不达的窘境，导致远大的目标从理想的"丰满"逐渐变成现实的"骨感"。

（二）对抗规矩会任性膨胀

一些大学生对规矩充满着逆反和拒斥的情绪，他们对各种规矩都形成一种错误的刻板认识，片面地放大和夸张其对行为的约束而忽视了其对自身和谐发展的呵护，只愿享有各种权利而不愿多尽一点义务，从而导致个体行为一意孤行的任性膨胀。事实上，这种任性膨胀会使得大学生个体因为对规则的无视和抛弃而四处碰壁，长此以往，这种任性膨胀的无节制发展还会进一步激发个体对规矩的漠视与疏离，在恶性循环中带来更具危害性的后果。

（三）践踏规矩会行为越轨

一些大学生在错误和畸形的认识下，常常会践踏规矩，走向行为越轨的歧途，轻则触碰道德规范、校规校纪和规章制度的底线，重则违反法律陷入犯罪的泥沼。当前，在大学生中屡屡出现的行为越轨现象，究其实质，很多都是对各类规矩的无视和践踏。大学生在学习成长过程中不可避免地会遇到一些挫折、出现各种偏差，需要接受教育来正确理解与面对人生的顺境与逆境，引导自己端正人生航向、培育规矩价值观，在"底线"之上、"雷区"之外的自由空间内充分地行使权利，不断从必然王国迈向自由王国。

课堂思考

野生动物园老虎伤人事件

2016年7月23日下午，在北京延庆八达岭野生动物园内，两名自驾游女游客在猛兽区下车后,被老虎袭击,造成1死1伤。

发生事故的是一家四口,包括三个大人一个孩子,23日去八达岭野生动物园自驾游,车辆行驶至猛兽区的东北虎园里,年轻男女在车内发生口角,女子未遵守八达岭野生动物世界猛兽区严禁下车的规定而私自下车去拽男司机的车门,结果被蹿出来的老虎叼走。年长的女子看到年轻女子被叼走,立刻下车营救,被另外一只老虎当场咬死并拖走。

请同学们谈一谈守纪律的重要性和不守纪律的危害。

第三节 遵纪守法 做合格大学生

2014年5月4日,习近平总书记在北京大学师生座谈会上讲道:"青年的价值取向决定了未来整个社会的价值取向,而青年又处在价值观形成和确立的时期,抓好这一时期的价值观养成十分重要。这就像穿衣服扣扣子一样,如果第一粒扣子扣错了,剩余的扣子都会扣错。人生的扣子从一开始就要扣好。"

大学是培养高素质创造性人才的基地,大学生作为青年一代,是人类优秀文化的传承者,大学时代是大学生成长成才的重要时期,纪律和规矩价值的养成能够保障大学生的人生发展方向,并积极地促进其健康成长。

一、学校各项制度面前讲规矩

大学生一般都处于青年阶段,容易产生一些偏激行为,而纪律、规矩正有利于规范大学生的行为,让他们学会自我约束,知道哪些事可以做,哪些事不可以做;让他们更多地去做有利于个人健康发展的事情。就如同果树修枝、田间除草,通过限制或禁止旁枝杂草的生长,促进果树、禾苗的健康生长以获得丰收。

夸美纽斯曾说过:"学校没有纪律便如磨坊里没有水。"一所学校,如果没有严明的纪律和规矩,那么不但教育者无法实施有效的教育管理,而且受教育者也无法获得良好的学习环境和学习秩序,更谈不上健康成长和成才了。大学里,有一系列规章制度,有要求晨练、上课的规章制度,有校园文明养成的规章制度,有校园安全配套的规章制度,有生活作息时间的规章制度等,这都能给大学生的发展提供良好的指导作用。纪律和规矩保护的是集体的利益,约束的是不良习气和不轨行为,它能够引导大学生朝着正确的道路发展,不断完善自身的个性而走向成熟。

当代大学生在相对优越的条件下和充满各种诱惑的环境中成长,身体成熟较早而心理成熟较晚,更需要纪律和规矩这样的良师益友的引导。有的大学生只求自由,不守纪律;只要随心,不讲规矩;只会索取,不知付出;只图享受,不思进取。有的是有钱而"任性",有的无钱也"任性",即所谓随心所欲,我行我素。对于这样的学生,必须通过纪律约束来提高他们对纪律规矩的认识,培养他们对纪律规矩的认同感,唤醒他们对纪律规矩的自觉意识。通过学校各项制度的纪律和规矩的约束,纠正他们违反纪律、违背规矩的行为,塑造健康心理,培养健康人格。

二、为人处世方面讲规矩

人在成长发展过程中,树立崇高的理想信念和科学的价值观是非常重要的,同时加强道德修养、锤炼自己的道德品质和为人处世的能力，已成为大学生的必修课。道德高尚的人是最受人欢迎的人，也是最容易成功的人；相反，那些道德品行低下的人，就会被众人远离、厌憎，被排除在正常人群交际的边缘。

《增广贤文》中有这样一句话："以责人之心责己，以恕己之心恕人。"意思是说，以严格要求别人的态度要求自己，以宽容自己的态度宽容别人。中国还有一句谚语："人和万事兴，大度聚群朋"，意思是说，人与人之间团结和睦、齐心协力，事事就兴旺发达，心胸开阔、豁达的人，才能广交朋友。

大学作为一个小社会，大学生在为人处世方面有很多需要人与人的交往过程，但在为人处世方面要遵循一定的道德准则和行为规范，要严格要求自己、约束自己、修养情操、完善品德，又要用宽宏大量的胸怀对待他人。人们生活在社会之中，每时每刻都要同周围的各种人和事物打交道，只有顾大局、识大体、忍辱负重，不计较个人得失，严守法纪，严格要求自己，胸怀坦荡，宽以待人，才能使我们的社会真正和谐。在大力弘扬中华民族传统美德和进行社会主义精神文明建设、创造和谐社会的今天，我们要注意为人处世品德修养规矩意识的养成，要从我做起，从小事做起。

为人处世的原则和方法建议：

（1）保留意见。过分争执无益自己且又有失涵养。通常，应不急于表明自己的态度或发表意见，让人们捉摸不定。谨慎的沉默就是精明的回避。

（2）认识自己。促进自己最突出的天赋，并培养其他方面。只要了解自己的优势，并把握住它，则所有的人都会在某方面做出成绩。

（3）决不夸张。夸张有损真实，并容易使人对你的看法产生怀疑。精明者克制自己，表现出小心谨慎的态度，说话简明扼要，决不夸张抬高自己。过高地估价自己是说谎的一种形式。它能损坏你的声誉，对你的人际关系产生十分不好的影响，有损你的风雅和才智。

（4）适应环境。适者生存，不要花太多精力在杂事上，要维护好同事间的关系。不要每天炫耀自己，否则别人将会对你感到乏味。必须使人们总是感到某些新奇。每天展示一点的人会使人保持期望，不会埋没你的天资。

（5）取长补短。学习别人的长处，弥补自己的不足。在同朋友的交流中，要用谦虚、友好的态度对待每一个人。把朋友当作教师，将有用的学识和幽默的言语融合在一起，你所说的话定会受到赞扬，你听到的定是学问。

（6）言简意赅。简洁能使人愉快，使人喜欢，使人易于接受。说话冗长累赘，会使人茫然，使人厌烦，而你则会达不到目的。简洁明了清晰的声调，一定会使你事半功倍。

（7）决不自高自大。把自己的长处常挂在嘴边，常在别人面前炫耀自己的优点，这无形中贬低了别人而抬高了自己，其结果则是使别人更看轻你。

（8）决不抱怨。抱怨会使你丧失信誉。自己做的事没成功时，要勇于承认自己的不足，并努力使事情圆满。适度地检讨自己，并不会使人看轻你，相反总强调客观原因，报怨这，报怨那，只会使别人轻视你。

（9）不要说谎、失信。对朋友同事说谎会失去朋友同事的信任，使朋友、同事不再相信你，这是你最大的损失。要避免说大话，要说到做到，做不到的宁可不说。

（10）说话要谨慎，多想少说。说话要令人高兴，循循善诱，"怎么说"比"说什么"更重要。

（11）信守承诺。说到就要做到，做不到就不要说。"一言既出，驷马难追"，此是君子所为。要记住一句话："诺言是要用行动来兑现的支票。"

（12）学会待人。你想别人怎么待你，你就要先学会怎么去待别人，以心比心，可以得到整个世界，为别人点亮一盏灯，别人将会为你点起一把火。

（13）尊重他人。尊重别人，别人也会尊重你，没有高尚的人格，便没有高尚的事业，没有高尚的人格，便没有高尚的命运，人要脸，树要皮，打人不打脸，骂人不揭短，旧事重提惹人烦。

（14）学会宽容。心胸开阔如海洋，涵养深广如潭水，宽容可以融化一切坚冰，宽容可以让你拥有一片广阔的天空，宽容别人就是宽容自己。"海纳百川，有容为大"。要学会宽厚待人，君子忍人所不能忍，容人所不能容，处人所不能处。

（15）学会赞美。对自己多批评，对别人多赞美，谦虚的人会得到别人的尊重和赞美。

（16）知错就改。犯了错误，知错就改，不要死要面子，对就是对，错就是错，小眚不掩大德，要敢于面对，敢于承认并加以改正。亡羊补牢，犹未为晚。

（17）不做小人。不要学做小人，机关算尽太聪明，反误了卿卿性命，多行不义必自毙，玩火者必自焚。

（18）知恩图报。要学会知恩图报，滴水之恩当涌泉相报，这是为人处世的原则，不要忘恩负义。

（19）做人不要太绝。人情世态，可谓错综复杂，瞬息万变，所以，对待任何人和事，都要留出一线，该放一马则放一马，不要过分计较，也不要不留半点人情，"山不转水转""人情留一线，日后好见面"，也就是这个道理。

（20）目光远大。当财运亨通时要想到贫穷，这很容易做到。一定要多交朋友，维护好朋友同事之间的关系，总有一天你会看重现在看来似乎并不重要的人或事。

三、社会各项规则之中讲规矩

在现代文明社会里，守纪律、讲规矩是最基本、最普遍的要求。现代文明社会讲究的"秩序"离不开各种纪律的刚性约束，也少不了人们对社会认可的各项规矩的自我约束。各行各业都将纪律、规章制度放在首要位置，在纪律面前人人平等。

现代文明社会追求的"公平"同样离不开法律、纪律与规矩的保障。没有完善的法律体系和各种规章制度，没有社会成员自觉遵守法纪、规矩，社会必然会出现恃强凌弱、以大欺小的局面，"公平、正义"只能成为镜中花、水中月。

现代文明社会崇尚的"自由"必须是受纪律约束的自由。在现代文明社会，自由总是相对的，自由的人负有不损害他人的义务。孟德斯鸠说，自由是做法律所许可的一切事情的权利。因此自由不是个人的随心所欲，也不是失去纪律约束的状况，而应该是在秩序井然的环境里才可以享有的自由。

现代文明社会强调的"法治"要求人们必须遵纪守法。法治是稳定社会的基石，是调整社会关系的重要手段，是人类社会进步的文明成果。

人们交通出行不讲规矩可能导致身体的伤害，甚至是生命的失去；如果在社会法律面前不讲规矩可能会使自己悔恨终身。建立一个现代文明社会，需要广大公民加强法治观念，普遍自觉地遵纪守法、循规蹈矩，大家只有在社会各项规则之中讲规矩才能尽享自由和幸福。

 课后延伸

每位同学写一篇守纪律、讲规矩的学习体会，总结自己过去在守纪律和讲规矩方面存在的不足，并写出今后如何改进。

 经典诵读

勿以恶小而为之，勿以善小而不为。

【出处】西晋·陈寿《三国志·蜀志·先主传》

【释义】不要因为是件较小的坏事就去做，不要因为是件较小的善事就不去做。

【解读】这是三国时刘备临死前给他儿子刘禅留下的遗嘱。"勿以恶小而为之，勿以善小而不为"，目的是劝勉他要进德修业，有所作为，不要再好吃懒做。好事要从小事做起，积小成大，也可成大事；坏事也要从小事开始防范，否则积少成多，也会坏了大事。所以，不要因为好事小而不做，更不能因为不好的事小而去做。小善积多了就成为利天下的大善，而小恶积多了则"足以乱国家"。

第七章

做一个守时的人

守时是一种美德，是良好的习惯和生活态度，是对他人的尊重，是责任感的体现，是诚信的重要组成部分，是做人的基本教养。人生存于世，会发生与各种时间序列打交道的过程，人与时间"共在"，不守时，几分钟，几秒钟，其后果可大可小，可能错过一次火车和航班、一次上课和作业，这些或可补救，但也有可能失去一个相知的朋友、相助的事业伙伴、相扶的人生机遇。而守时作为大学生行为规范养成中最基本的要素，无论是对大学学习生活还是个人行为习惯养成都具有重大意义，本章知识将引导你做一个守时的人。

 课堂导读

小测试：
(1) 上课是否有迟到现象？
　　A. 没有　　　B. 有时　　　C. 经常
(2) 朋友约会时迟到了会让你心烦吗？
　　A. 不会　　　B. 会
(3) 作为干部你参加学校各种组织开会或工作时，你会怎么样？
　　A. 提前到　　B. 踩点准时到位　　C. 有时会迟到
(4) 朋友跟你约好时间一起参加活动时，你会怎么样？
　　A. 提前到　　B. 踩点准时到位　　C. 有时会迟到
(5) 当你有几个小时的空闲时间时，会想怎么最有效地利用好这段时间呢？
　　A. 很少　　　B. 经常　　　C. 不会
(6) 你有随手记录自己要做的事的习惯吗？
　　A. 很少　　　B. 经常　　　C. 有时
(7) 推迟完成任务会让你不安吗？
　　A. 很少　　　B. 有时　　　C. 经常
(8) 你会在每天晚上十一点前睡觉吗？
　　A. 很少　　　B. 有时　　　C. 经常
通过小测试对自己的了解，你觉得自己是一个守时的人吗？

第一节　守时到底多重要

守时是一个好习惯，让自己能知道自己在什么时候干什么，知道自己是为一些有意义的事情存在着；同时，守时也是对他人的一种礼貌，因为我们守时是对他人的时间的一种尊重,我们尊重他人的时间就等于尊重他们的生命。本节通过名人的故事和守时小测试来了解你对守时知多少。

1799年,德国哲学家康德计划到一个名叫珀芬的小镇,去拜访老朋友彼特斯。康德动身前曾写信给彼特斯,说自己将于3月2日上午11点钟之前到达。康德3月1日就赶到了珀芬小镇,第二天早上租了一辆马车前往彼特斯的家。老朋友的家住在离小镇12英里①远的一个农场里,小镇和农场中间隔了一条河。当马车来到河边时,细心的车夫说:"先生,实在对不起,不能再往前走了,因为桥坏了,很危险。"

康德下了马车,看了看桥,中间的确已经断裂了,贸然过去很危险。那条河虽然不宽,但水很深,而且结了冰。

"附近还有别的桥吗?"康德焦急地问。

车夫回答说:"有,先生。在上游10英里远的地方还有一座桥。"

康德看了一眼怀表,已经10点钟了。

"如果赶往那座桥,我们以平常速度什么时候可以到达农场?""我想大概得12点半。"康德又问:"如果我们经过前面那座桥,以最快的速度什么时间能到达?"

车夫回答说:"最快也得用40分钟。"

康德跑到河边的一座很破旧的农舍里,客气地向主人打听道:"请问您的这间房子要多少钱才肯出售?"

农妇大吃一惊:"您想买如此简陋的破房子,这究竟是为什么?"

"不要问为什么,您愿意还是不愿意?"

"那就给200马克吧!"

康德付了钱,说:"如果您能马上从破房上拆下几根长木头,20分钟内把桥修好,我将把房子还给您。"

农妇把两个儿子叫来,让他们按时修好了桥。

马车平安地过了桥,飞奔在乡间的小路上,10点50分康德赶到了老朋友的家。

在门口迎候的彼特斯高兴地说:"亲爱的朋友,您可真守时啊!"

康德在与老朋友相会的日子里,根本没有对其提起为了守时而买房子拆木头过河的经过。

后来,彼特斯在无意间听到这个故事,便很有感慨地给康德写了一封信。信中说道:"您太客气了,还是一如既往地守时。其实,老朋友之间的约会,晚一些时间是可以原谅的,何况你还遇到了意外。"

 课堂思考

同学们觉得康德这样做值得吗?如果是你,你会如何处理遇到的这个问题?

第二节 守时对人生成长的意义

守时是一种素质,也是做人处事、交际往来、行为习惯的重要准则,时间观念对于一个

---

① 1英里=1 609.344米。

人的影响非常重要，它往往是人与人之间接触的第一语言，而人们又特别容易根据这种最初印象，来判断对方是否能赢得自己的信任和支持。本节知识让大家了解守时对人生成长的重要性。

一、机会属于有时间观念的人

要想抢占先机，首先要明白什么是机会，善于寻找适合的机会。古代的圣人说"见机而作"，"机不可失，时不再来"。

什么是"机"？"形势的维系处为机，事情的转变处为机，事物的紧切处为机，时节的结合处为机。在目前就是机，一瞬间过去就不是机，有隙可乘就是机，失去它就没有机。谋就得深远，藏就得绝密，这就决定于见识，利在于决断。"

在谋略上想要寻求先机，运用先机，重要的在于能随机应变，以实制虚。要善于观察天下的变化，静待天下的动，以便抓住机会制住它。而实际上，即使1分钟的不准时也可能会让自己遭遇一场不幸。

拿破仑有一句名言："我的军队之所以打胜仗，是因为我总是比敌人早到5分钟。"在战场上，早到5分钟就可以抢占有利的地形，地利在战争中是决定胜负的重要筹码。

二、机会不会等待迟到的人

一位朋友向周总推荐一位印刷公司老板。这位老板知道周总的公司日常在印刷方面花不少钱，想争取周总的生意。他带来了精美的样本、仔细考虑的价钱建议和热情的许诺。

周总有礼貌地坐着，尽管他未到会前就决定不把生意交给他，因为这位印刷公司老板迟到了20分钟才来。准时取得对周总公司的印刷品是十分关键的。周总公司的印刷品都是星期三送到，星期四装订，星期五发送到周总下星期出席的座谈会地点，迟一天就跟迟一年那么糟糕。周总的公司可能要雇十多位工人用一天来将销售信、小册子与订货单叠好塞进信封，如果印刷品没运到，他们啥事都干不成。

所以，当那位印刷公司老板连第一次会议都不能准时出席时，周总就会推断出不能指望这个印刷公司老板会把他的工作干好。

很多人因为不准时，而失去拥有高等职位的机会。

范德·比尔特一贯非常守时。在他看来，不准时就是一种难以容忍的罪恶。有一次，范德·比尔特与一个请求他帮忙的青年约好，某天上午的10点钟在自己的办公室里见那位青年，然后陪那位青年去会见火车站站长，应聘铁路上的一个职位。到了这一天，那个青年比约定时间竟迟到了20分钟。所以，当那位青年到范德·比尔特的办公室时，范德·比尔特先生已经离开办公室，开会去了。

过了几天，那个青年再去求见范德·比尔特。范德·比尔特问他那天为什么失约，谁知那个青年人回答道："呀，范德·比尔特先生，那天我是在10点20分钟来的！"

"但是，我们约定的时间是10点钟啊！"范德·比尔特提醒他。

那个青年支支吾吾："迟到一二十分钟，应该没有太大的关系吧？"

范德·比尔特先生很严肃地对他说："谁说没有关系？你要知道，能否准时赴约是一件极紧要的事情。就这件事来说，你因不能准时已失掉了拥有你所向往的那个职位的机会，因为就在那一天，铁路部门已接洽了另一个人。而且我还要告诉你，你没有权利看轻我的 20 分钟时间，没有理由以为我白等你 20 分钟是不要紧的。老实告诉你，在那 20 分钟的时间中，我必须赴另外两个重要的约会，我也不能让别人白等。"

准时、准时、再准时，这就是中庸的处世智慧。

已故的金融大亨摩根把每一个钟头都看成 1 000 美元。许多年轻人处世经历少，吃亏也少，所以尚不知守时的重要性，对于摩根每个钟头是 1 000 美元的话可以不以为然，但是想没想到，也许到了某一天，你就觉得自己的时间和摩根的时间一样值钱，甚至比他的更有价值。

三、守时让你显得更真诚

时间对每个人都是一种稀缺资源，它不会因为你的需要而增加，它只会遵循它的定律一分一秒地走过。时间的流逝就代表着生命的流逝。它既吝啬又公平地给每个人每天 24 小时。只是有的人很好地利用了，而有的人却浪费了。

浪费时间不是一件好事，特别是浪费别人的时间。鲁迅先生曾经说过："浪费别人的时间无异于谋财害命。"在这里，他就明确而深刻地指出了守时的重要性。

很多人都听过张良授兵书的故事。神秘老者约张良于某日凌晨于某座桥上相见，张良接连几次赶到那个地点的时候，老者已先于他待在那里，老者让张良回去，另约时间，直到张良在桥上等待老者的那一次，老者才把兵书授给了他。

守时应该作为一种习惯，更是建立信誉的第一步。试问有谁会愿与一个不守时的人为友？每一次你的守时，都会在对方的心坎里烙下一个坚实而又深刻的烙印：你是一个值得信赖的朋友，你对朋友是无比真诚的。

 课堂思考

请同学们结合自身实际谈一谈，你觉得守时对人生成长的重要性。

第三节　把守时养成习惯

现代化的时间日益精细化、网格化、高效化，然而在现代社会亦有很多"延时症患者"，上课迟到、会议迟到、饭局迟到、出游迟到、约会迟到等现象屡见不鲜。我们应该在大学里从自身做起养成守时的好习惯。

一、守时从各种出勤开始

作家刘墉在美国大学教书的第一学期结束，为了解学生们的想法，特别安排跟学生讨论，请大家对他提出批评。

"教授，你教得很好，也很酷，"有个学生说，停了一下，又笑笑，"唯一不酷的，就是你在每堂课开始时等那些迟到的同学，又常在下课时拖延时间。"

刘墉一惊，不解地问他："你不也总是迟几分钟进来吗？我是好心好意地等。至于我延长时间，是我卖力，希望多教你们一点，有什么不对呢？"

居然全体学生都叫起来："不对。"

然后有个学生补充说："谁迟到，是他不尊重别人的时间，你当然不必尊重他。至于下课，我们知道你是好心，要多教一点儿，可是我们下面还有其他课，你这一延，就造成我们下一堂的迟到。"

在大学中，同学们上课占了大多时间，学生干部还有各种会议和活动。而校园里，有同学踩着上课铃声行进在前往教室的路上，甚至也有铃声响后，还有同学提着早餐慢悠悠地来到教室。上课迟到看似小事，却体现出一个学生的个人素养、精神面貌和学习态度，反映出一个人不守规则的品质，同时还会影响到同学们的听课和老师的正常教学。遵守上课时间是讲规矩、守纪律最基本的原则，各种出勤活动都要养成提前的习惯，守时从各种出勤做起。

二、守时也要体现在任务按时完成

已毕业的学生张某在大学中热爱专业知识，担任班干部并参加了学生会组织，同时加入三个社团组织，每天的生活都在学习、工作和各项活动中度过，时间过得很充实。张某能很好地安排时间，特别是老师安排的任务和学生会各项工作能主动并提前完成好，慢慢在学校担任了主要干部，拿到了励志奖学金和各项荣誉。毕业后，他并把守时和任务按时完成的好习惯带到了工作岗位上，单位里深受领导和同事的喜欢，也走到了单位中层领导干部职位中。

大学的学习中有各项任务要求完成，如果担任干部还有很多工作任务等待完成等。大学生应该极力避免养成拖延的恶习，受到拖延引诱的时候，要振作精神，勤奋地去做事。拖延往往是最可怕的敌人，它是时间的偷盗者，它会让你一无所有。把今日的事情拖延到明日去做，实际上是很不合算的。决定好的事情拖延着不去做，往往还会对我们产生不良的影响，唯有按照既定计划执行的人，才能提升自己的品质，才能使他人景仰。

一个人的品行是多年行为习惯的表现，行为重复多次就会变得不由自主，就可以无意识地、反复做同样的事情，最后不这样做已经不可能了，于是形成了人的品行。因此，一个人的品行受思维习惯与成长经历的影响，决定一个人品行好坏的重要特征之一就是拖拉，前天的事往往拖到后天才能完成。富有进取精神的人一般都特别厌恶拖拉。克服拖拉的方法就是立即行动，要做到守时，就要养成对任何约定的事都按时办的习惯。准时的习惯也像其他的习惯一样，要早日加以训练。

三、守时对朋友是最好的尊重

大学中，会交到很多的朋友和参加各种聚会活动，而守时对于每个人来说都很重要，不论是对待熟悉的人还是陌生的人，这是最起码的尊重，也是你诚意的显示。虽然守时非常重要，但是在生活中，不守时的情况经常在我们的身边发生。如果一个人跟你约好了时间，他人没到，你会怎么想？而不能守时往往会让等待的人感觉很恼火，也往往会因此耽误很多事情。

《世说心语》里有一则故事：说元芳的父亲陈太丘和朋友约好一起出行，中午时碰面。直到中午过了，朋友也没到，陈太丘就离开了。后来朋友赶到后发现陈太丘不在，就去问他的儿子元芳:"你父亲在吗?"元芳回答:"我父亲等您许久,您一直没到,就离开了。"朋友特别生气,怪陈太丘不守约定,结果被当时只有7岁的元芳反驳是他自己不守信用在先。友人感到惭愧,便从车里出来,想和元方握手致歉,可陈元方头也不回地走进了自家大门。

每个人的时间都是有限的,所以珍惜自己的时间,也要珍惜别人的时间,在约定的时间做约定的事情。守时是人际交往中最基本的教养,更是对别人的尊重和自己真诚的显示。对个人而言,守时是人际交往的一座桥梁,你的每次守时,会让对方觉得你是一个值得信赖的朋友,一个有教养的人。守时,不仅节约自己的时间,也为自己赢得了一个又一个的朋友,它的重要性是无可比拟的。

如果一个人失败,他可能有一万个理由,但是没人关注成功的人是如何做的!其实我们应该多关注一下那些成功的人是如何做的!每个成功的人都有很多习惯值得我们学习,"守时"就是一个很好的习惯,也是最基本的习惯。让我们从守时开始,也许守时的习惯不是短期内能够养成的,但是没有开始就永远不会获得成功,让我们从现在开始,成为一个守时的人。

班级开展守时达人评选活动,各项出勤严格考核,同学们各种出勤活动提前五分钟到达,到期末评比出"最守时达人"和"最拖拉懒人"。

少年易老学难成,一寸光阴不可轻。

【出处】南宋·朱熹《偶成》

【释义】少年很容易变老,学东西也很难学成,所以,一点点时光都不可以浪费。

【解读】这是朱熹用切身体会告诫年轻人的经验之谈。说明人生到老,学问难成,因而必须爱惜光阴。因其"易老",故"不可轻",可见惜时之重要。这两句语重心长的话,劝导我们,应该珍惜自己美好的年华,努力学习,切莫让可贵的时光从身边白白地溜走。

第八章

增强自制力

自控力是决定一个人是否能够完成目标（无论是戒烟、减肥、学好外语、处理好婚姻关系等）最重要的素质，智商相对而言并不那么重要。自控力强的人，相对而言，经济条件更为富裕、身体更加健康、家庭关系更为和谐、工作更有成效、幸福感更高。一个真正成熟的人，必定能够战胜自己的弱点，必定能够做到真正的自我控制。

 课堂导读

测一测你的自制力。
请根据自己的实际情况，如实回答下列问题。

1. 期末考试快到了，同学们都在紧张复习，这时你最喜欢的电视剧开播了，你（　　）。
   A. 对电视剧忍痛割爱　　　　B. 看完电视再复习　　　　C. 放弃学习，看电视
2. 在寒冷的冬天，你（　　）。
   A. 每天都能按时起床　　　　B. 偶尔睡一睡懒觉　　　　C. 经常留恋温暖的被窝
3. 自习课上，同学们都在随心所欲地谈天、玩手机，你（　　）。
   A. 一心学习　　　　　　　　B. 一边看书，一边聊天　　C. 随心所欲地玩
4. 正在做作业，朋友们喊你去玩，你（　　）。
   A. 委婉拒绝　　　　　　　　B. 匆忙写完作业，再去玩
   C. 立即丢下作业，飞奔而去
5. 当你心情烦躁，什么事也懒得做的时候，你（　　）。
   A. 也能坚持今日事今日毕　　B. 勉强应付一下今日的任务
   C. 把今天的任务推到明天
6. 晚上你在寝室学习，有人在玩扑克、玩电游，你（　　）。
   A. 专心致志地学习　　　　　B. 心猿意马地做作业
   C. 不学习了，跟他们一起玩
7. 老师在上课，你选择（　　）。
   A. 聚精会神地听课　　　　　B. 边听课边做其他事情　　C. 一心做其他事情
8. 你通常（　　）。
   A. 不管老师在不在都认真学习　　B. 只有老师守着你，才学习
   C. 老师盯着我，我也只装装样子，不认真学习
9. 上课时，你的同桌热情地想和你聊天，你（　　）。
   A. 不理他　　　　　　　　　B. 漫不经心地应付他　　　C. 和他聊天

10. 当学习和娱乐发生冲突时，你（　　　）。
   A. 马上决定去学习　　　　B. 先娱乐，再学习　　　　C. 尽情娱乐，忘了学习

计分方法：选A计5分，选B计3分，选C计0分。全体题目得分之和与自制力关系如下：45～50分，自制力很强。35～44分，自制力较强。25～34分，自制力一般。15～24分，自制力较差。15分以下：自制力很差。

第一节　什么是自制力

　　孟子曾讲过一个"学弈"的故事：两个孩子一块儿听老师讲下棋的知识，两个孩子都很聪明，但是听讲情况大不相同。一个专心致志，只听老师讲解，任何事情也干扰不了他；而另一个心里总想着有大雁从天空飞过。想着用箭把它射下来炖肉吃。结果，前一个学得非常出色，后一个学得稀里糊涂。同样是聪明的孩子，为什么出现两种结果？是意志品质不同。前个孩子学习目的明确，自觉性强，自制力强，能够坚持到底自然就能做得出色。自制力强，会让一个人获得成功。美国杰出的科学家，避雷针的发明者富兰克林在科学上取得很多成就，与他坚持自制力的锻炼有着密切的关系。他针对自己最容易犯的过失，为自己制定了3项道德准则，并把它们写在一个专用笔记本上，他坚持每个星期都认真做到其中一项，同时在其他方面也努力做好。每天晚上他都用准则检查自己的言行，以后，无论在什么环境下，他都坚持这样对照要求自己。严格的自制力的训练，终于使富兰克林养成了良好的品德素养，这种素养成为他发明创造的重要基础。

　　自制力，就是一个人控制自己思想感情和举止行为的能力。自制力强的人能够自觉地控制自己的情绪和行为，既善于激励自己勇敢地去执行既有的决定，又善于抑制那些不符合既定目的的愿望、动机、行为和情绪。自制的反面是任性，人区别于动物的根本点之一，就在于人是有思想的，因而可以按照一定的目的，理智地控制自己的感情和行为。自制力主要表现在两个方面：一方面能够使自己在实际工作、学习中努力克服不利于自己的恐惧、犹豫、懒惰等；一方面善于在实际行动中抑制冲动行为。简单来说，自制力有三大力量：第一大力量是"我要做"，忍受不适、压力、坚持做正在做的事情。比如当你困到不行，它会让你继续待在电脑前做PPT。第二大力量是"我不要"，克制一时的冲动，抵制诱惑，比如它会帮助你克制在做PPT的时候想刷微信的冲动。第三大力量是"我想要"，牢记长远目标，不为短期诱惑所控，比如它会让你知道你真正想要的是完成一份好的PPT，而不是睡懒觉或漫无目的地刷手机。

　　自制力对人走向成功起着十分重要的作用，几乎是一个人取得各种成功的通用技能。从古代百科全书式科学家亚里士多德，到近代的哲学家们都注意到：美好的人生建立在自我控制的基础上。

　　自制力强的人，往往意志比较坚强。控制自己需要意志。意志和思想一样，不是与生俱来的，而是在社会实践中逐步培养和锻炼出来的。要增强自己的自制力，就要从日常生活的一点一滴做起，加强磨炼。美国物理学家富兰克林青年时代曾经下决心"克服一切坏的自然倾向、习惯或伙伴的诱惑"。他给自己制订了一项包括13个名目在内的道德计划，逐条

实行。比如，为了矫正闲谈和说笑话的习惯，他列了"沉默"一条，要求自己做到："除非于人于己有利之言谈，避免琐屑的谈话。"后来有一位朋友说他常常显露骄傲，于是他又把"谦逊"加入表中。他晚年撰写自传时，曾经谈起青年时代锻炼自制力的计划，认为他的成绩应归功于节制。

科学试验研究发现，人的自制力就像肌肉的力量一样，不同的个体有强弱之分，也有上限之分，当超过这个上限后人的行为就完全失控。自控力可以通过不断的练习来提高，但是同样不能无休止地使用它。如果长期处于高度自控状态，就像狗急了会跳墙一样，高压之下人会容易发脾气，说脏话，当自控力耗尽，人就会失控，当体内能量消耗，大脑会削减能量预算，不再支出能量。自控是所有大脑活动中耗能最高的，为了保存能量，大脑不愿意给你充足的能量去抵抗诱惑、集中注意力、控制情绪。自控消耗身体的能量，能量的消耗又削弱了意志力。因而，平常我们要多训练"自制力肌肉"，养成习惯，不设定过高的目标，关注自己正在做的事情，选择一些更难而不是更简单的事情。

课堂思考

你是一个自制力强的人吗？该如何提高自己的自制力呢？

第二节 自制力的重要性

自制力不管是对学生还是成人，都有着非常重要的作用，它为我们的学习、工作和生活保驾护航，使我们能更好地控制自我，克服困难，坚定自己的目标，向着自己的目标坚持不懈地努力迸发。自制力是我们实现自我价值的重要元素，是我们人生转折和飞跃的保险绳。有了较强的自制力，我们在前进的道路上便不会迷失方向，便不会被各种外物所诱惑，不会因为其他事情而影响了自己的判断。

荷兰著名的物理学家彼得·塞曼，原来也是一个意志薄弱的人。1902年刚进莱顿大学读书时，他有如纨绔子弟，整日嬉戏玩乐，以致期末考试物理成绩不及格。母亲看在眼里，急在心头。她百感交集，严肃地对塞曼说："早知你是个平庸无为之辈，我当初为你牺牲那么多真不值得！"母亲意味深长地把过去家族面对的困难和自己怎样挺过来的情况讲给他听。母亲的话打动了塞曼的心，他暗自下了悔改的决心。不久，母亲因病与他永诀。为了铭记母亲的教诲，他把母亲的遗像嵌在一个金质的小镜框内，不管走到哪里，都把它珍藏在胸前。

有一次，在阿姆斯特丹大学讲课时，一道难题难住了他，他想搪塞过去。这时，他的手突然触到了母亲的遗像。他改变了主意，足足演算了10分钟，终于解开了难题。母亲的遗像成了常置塞曼心中，陪伴他一生的"座右铭"，成为他勉励自己，督促自己去战胜困难的法宝。

彼得·塞曼把母亲的遗像作为"座右铭",时刻鞭策自己,锻炼自己的意志,使自己成为一个意志坚强的人。由于他不懈努力,终于成为诺贝尔物理学奖获得者。

"世上无难事,只怕有心人。"这句话很多人耳熟能详,可是如果缺乏自控力,是否还可以克服难事?很多人曾在追求目标时,明明知道自己应该坚持,但却因缺乏自控能力而频频放弃。除了坚持之外,我们知道许多好的习惯对于取得成功是至关重要的,例如做事要有条理、准时、信守承诺、从不拖拉、沉着冷静等,但是你会发现,要养成这些好习惯绝对不能离开良好的自控能力。若没有自控力的话,那么要养成好习惯便成为空谈,缺乏自控力却妄谈成功无异于盲人在谈论颜色。

一、良好的自制力是大学生创新思维和实践能力培养的基础

心理学家认为大学生的发展是一个全面平衡的过程,自我完善、自我强化、自我改变是大学生性格培养的重要方面。大学是学生在进入社会的最后一个时期,也是大学生增强适应社会能力的关键时期。大学的环境不同于社会并且也与大学生之前的校园环境大相径庭。对于正处于青春期的大学生,尤其是刚刚步入学校的新生,面对新鲜的大学生活,自我控制能力会产生相应的变化,不同的学生有着不同的控制能力。据调查统计,自我控制能力是大学生学习适应性的主要影响因素之一。但是目前高校很多大学生在面临诱惑时存在不适应或者自控力严重缺失的现象,这使其很难适应将来社会的发展。这种现象严重违背了最基本的大学生素质教育的意义。所以加强大学生自控能力,有其社会必然性,也是大学生素质教育的重要内容。

二、良好的自制力是一个人取得各种成功的通用技能

第一位成功征服珠穆朗玛峰的新西兰人埃德蒙·希拉里在被问起是如何征服这世界最高峰时回答道:"我真正征服的不是一座山,而是我自己。"这种优秀的品质就叫作意志力、自制力或克己自律。实际上,你也完全可以从每天去做一些并不喜欢的或原本认为做不到的事情开始,在"磨炼法则"的作用下,开发出自己更强的意志力、自制力。

我们也知道,只有通过实践锻炼才能够真正获得自制力。只有依靠惯性和反复的自我控制训练,我们的神经才有可能得到完全的控制。从反复努力和反复训练意志的角度上而言,自制力的培养在很大程度上就是一种"习惯的形成"。

训练意志力最有效、最方便、最实际的建议是每天早上做5公里慢跑。不论严寒酷暑,刮风下雨,都要坚持。早上在床上的每一分钟都是如此让人珍惜,特别是冬天总需要为起床做激烈的思想斗争。而且长跑又艰苦又乏味,还会让人腰酸背痛,可真是一项名副其实的苦差事。所以在这过程中人的意志力就可以得到磨炼,从一开始的新鲜,到讨厌,到痛苦,到渺茫,到最终的适应。马克·吐温(Mark Twain)有一句话讲如何做到克己自制:"关键在于每天去做一点自己心里并不愿意做的事情,这样,你便不会为那些真正需要你完成的义务而感到痛苦,这就是养成自觉习惯的黄金定律。"只要坚持下去,随着身体状况的慢慢变好,跑步就逐渐变得轻松起来,跑步这份苦差事似乎不再那么恐怖了,尽管早起仍然有点儿困难,有点儿费劲,但似乎可以克服。一切都变得越来越容易,越来越自然,到最后清晨锻

炼成了一个习惯，成了日常行为的一部分，不用强迫自己，每天的晨跑成为自然而然的习惯。这样通过每天跑步的"磨炼"，一个人的自律能力、决心、意志、承诺、效率、自信、自尊都会得到锻炼和提高。

三、良好自制力是大学生获得成功体验的前提，能够不断增强自我效能感，获得自信

增强自制力，可以使我们有更多的机会获得成功的体验，使自己更加理智，遇事更为冷静，从而进入良性循环，使自我得到健康积极的发展。有了较强的自制力，可以使自己具有良好的人格魅力，增强自己的亲和力，更容易得到别人的认同，拥有更多的朋友和知己，能够在与朋友的交往中善于学习别人的优点，吸取别人的教训，进一步地完善自我。自制力可以使我们激励自我，从而提高学习效率；也可以使自己战胜弱点和消极情绪，从而实现自己的目的。而一个缺乏自制力的人，总是给自己的失败找借口，也害怕去挑战困难的任务，很少接触新鲜的事物，因此很少获得成功的体验，这样的人一般缺乏勇气和信心面对生活中的种种问题，选择逃避，甚至堕落，放纵自己，成为一个消极悲观的人。

课堂思考

你知道哪些拥有很强自制力的人？他们都是怎样训练自己的自制力的？

第三节　如何提高自制力

斯坦福大学的 Walter Mischel 教授自己也不曾想到，他多年前（1966 年）在幼儿园做的实验，竟然可以预测十几年后（1981 年）这些孩子们各个方面的表现。从 1966 年开始的几年里，Walter Mischel 先后把六百多名幼儿园小朋友带到斯坦福大学附属托儿所的行为观察室，让小孩子从巧克力、饼干、棉花软糖等食品中挑出自己最喜欢的，但是不能吃，必须眼巴巴地看着，等着实验员回来。如果他能做到，就再奖励一块。如果做不到，就没有奖励。大多数小孩子都没能忍住，有的立刻吃掉了，有的还没等实验员离开半分钟就吃掉了，有的四下张望之后偷偷吃了一点点……只有 30% 的孩子一直坚持了 15 分钟，直到实验员回来。也许这是他们过得最漫长的 15 分钟，他们有的用手捂住自己的眼睛，有的背过身去不看吃的，有的抠东西转移自己的注意力，但是他们最终得到的不光是加倍的好吃的，而且之后在人生中各方面都有优秀的表现。1981 年，已经是高中生的他们比那些没有能等到实验员回来的孩子的学习成绩更加优秀，做事更有计划性，和同学间的相处也更加融洽。那些有耐心等待的孩子，长大后，更能适应环境，更有人缘，敢冒险，有自信，比较可靠。而那些满足眼前欲望的孩子，没有办法克制自己，他们的情商比较低，长大后，各方面的成就都比能克制自己欲望的孩子低。

这些自制力强的孩子最终能够取得成功绝不是偶然。他们小时候能够为了更多的糖果而忍受暂时的等待，长大了自然更容易坚持自己的计划，可能为了更好的成绩而忍受枯燥的重复记忆，也更懂得控制自己的情绪，在别人面前表现得体。

"欲胜人者，必先自胜。"一个人要想成为生活的强者，必须要有战胜自我的能力。世界上最强大的敌人，不是挫折，不是厄运，而往往是自己本身。正如一棵大树，狂风吹不倒它，大雪压不垮它，但自身内部的蛀虫可能吞噬它。一个人，如果能战胜自我，再大的困难也不能压垮他。但他如果对自己放纵、失控的话，那就会像生了蛀虫的树，很容易被自己打倒。要战胜自我，没有强烈的自律意识，没有强大的自控能力是不可能的。简单地说，自制就是约束自己；自控，就是自己控制自己，自己管理自己。我们只有学会自己约束自己，自己管理自己，才能够充分调动意志力，抵制外界强烈刺激的诱惑，克制激烈的情绪冲动，使自己的行为符合社会规范，也才能够自胜并胜人。

自制是指一个人善于控制自己的情绪，约束自己的言行，掌握和支配自己行动的心理品质。一个自制力强的人，一方面能不为环境中的各种诱惑所左右，另一方面能够有效地克制不良情绪的冲击，制止一切不良的愿望和行动。人的自制力不是天生的，需要锻炼，需要加强修养，那么怎样能提高自我控制能力呢？

一、提高认识，发展情感

人的意志力是在认识的基础上，在情感的激励下发生发展的，因此提高认识、发展情感是训练意志的前提。提高认识，主要是培养正确的信念、理想、世界观。发展情感主要是指培养责任感和义务感，使之成为意志活动的强大动力。提高了认识，有了明确的学习目的和较高的自觉性，产生了对祖国、对社会的强烈责任感和义务感，就会严格要求自己，监督自己。只有对自己行动的目的有正确而充分的认识，才能支配和调节自己的行为。

二、增强行动的目的性，不断磨炼意志

意志力是受思想支配的。具有明确的目的性，一个人对所从事活动的目的理解越深，就越能积极主动地对待自己的行动。意志的目的性强，意志力就大。比如，上课玩手机，开小差，控制不住自己，就要明确学习目的：我为什么学习？搞清楚这个问题才能深刻认识到当前的学习与自我发展的关系，领悟到自我与祖国建设的关系，就会倍加珍惜学习时间，不会轻易放松自己，更不会放任自己。

磨炼意志，要做到以下三点：一要坐得住，不受外界干扰，不半途而废。做到"任凭风浪起，稳坐钓鱼台"，持之以恒地严格要求自己，管理自己。二要克服懒惰、拖沓的坏毛病，做到今日事今日毕。三要不怕挫折。不管遇到怎样的挫折，都要严格约束自己，树立信心，在挫折中自强不息，保持应有的心态和行为。

三、善于创造条件，培养自制力

自制力差的人单靠自己的努力还不行，还要有一定的条件，如，别人的提醒、家长的监督、借助外界工具等。对于意志力薄弱的人来说，要乐于接受别人的监督和鞭策，主动请求别人来给自己提出批评，在有了一定的改善之后，逐渐化被动为主动，要以对自己、对他人负责的精神去学习、生活、做人。该做的事情主动做，不该做的事情，想做也不要去做，依靠理智和意志，借助自律、自控，成为自己行为的主人，减少对他人控制的依赖，养成自律、自制的好习惯。

课堂思考

大学生李某,自制力较差,由于迷恋网络游戏,经常迟到旷课,由于经常通宵玩游戏,白天没有精神,上课即使去了也是睡觉,没有认真听课,对学习也没了兴趣,导致他在大二学年结束时,有多门课程出现了挂科且补考未通过的现象。面对这样的情况,辅导员找到他,在办公室跟他谈心,使他认识到沉迷于网游的危害性,跟他讲解这样下去的后果。李某也认识到了自己的错误,意识到问题的严重性,决定要改掉网瘾的陋习。走出办公室回到宿舍后,一个室友兴冲冲地过来对他说:"听说今天又有了一个新游戏,特刺激,特好玩,我们快去网吧,晚了可就没位置了!"李某犹豫了一下,但还是在半推半就中随着室友走向了网吧。

根据李某的情况,全班同学分组,围绕以下问题讨论十分钟,讨论之后派代表上台发言。

问题1:李某为什么又走进了网吧?假如你是李某,在不良诱惑面前,你会怎么做?

问题2:日常生活和学习中,你会遇到哪些不良诱惑?你是怎样应对的?

课后延伸

组织学生观看澳大利亚残疾人演讲家尼克·胡哲的视频《人生不设限》,并开展一次以自制力主题的班会。

经典诵读

出淤泥而不染,濯清涟而不妖。

【出处】北宋·周敦颐《爱莲说》

【释义】生长在淤泥中,而不被污泥所污染;在清水中洗涤过,但是不显得妖媚。

【解读】比喻处于污浊环境中能保持纯洁的品格。要求大学生不要受一些外来消极因素影响,保持良好品格,加强自律,保持一颗上进的心。

三、安全教育篇

第九章

身体健康是最大的财富

健康是生活质量的基础，是生命存在的最佳状态，是人类最宝贵的财富。习近平同志在党的十九大报告中提出实施健康中国战略，明确指出"人民健康是民族昌盛和国家富强的重要标志"。这体现了我党对人民健康重要价值和作用的认识达到了新的高度。

掌握实施健康中国战略在新时代中国特色社会主义事业中的重要意义和作用，了解目前影响大学生健康的不良行为，树立大卫生、大健康观念，倡导健康文明生活方式是大学生健康教育的基本要求。

课堂导读

一名妇女发现三位蓄着花白胡子的老者坐在家门口。她不认识他们，就说："我不知道你们是什么人，但各位也许饿了，请进来吃些东西吧。"三位老者问道："男主人在家吗？"她回答："不在，他出去了。"老者们答道："那我们不能进去。"傍晚时分，妻子在丈夫到家后向他讲述了所发生的事。丈夫说："快去告诉他们我在家，请他们进来。"

妻子出去请三位老者进屋。但他们说："我们不一起进屋。"其中一位老者指着身旁的两位解释："这位的名字是财富，那位叫成功，而我的名字是健康。"接着，他又说："现在回去和你丈夫讨论一下，看你们愿意我们当中的哪一个进去。"妻子回去将此话告诉了丈夫。丈夫说："我们让财富进来吧，这样我们就可以黄金满屋啦！"妻子却不同意："亲爱的，我们还是请成功进来更妙！"他们的女儿在一旁倾听。她建议："请健康进来不好吗？这样一来我们一家人身体健康，就可以幸福地享受生活、享受人生了！"丈夫对妻子说："听我们女儿的吧。去请健康进屋做客。"妻子出去问三位老者："敢问哪位是健康？请进来做客。"健康起身向她家走去，另外两人也站起身来，紧随其后。妻子吃惊地问财富和成功："我只邀请了健康。为什么两位也随同而来？"两位老者道："健康走到什么地方我们就会陪伴他到什么地方，因为我们根本离不开他，如果你没请他进来，我们两个不论是谁进来，很快就会失去活力和生命，所以，我们在哪里都会和他在一起的！"

健康好比一杯白开水，拥有它时感到淡而无味；而一旦失去它，便会像置身茫茫大漠，感到口渴烧心快奄奄一息了才知道这杯白开水的无比珍贵。

没有了健康，你还拥有什么？

第一节 健康的重要性

大学生要立志成才，首先要具备较高的思想道德素质、科学文化素质、心理素质和身体

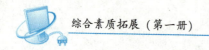

健康素质,而身体健康素质是大学生成才的重要因素。

一、健康的相关概念

(一)健康新概念

健康是一个发展的、动态的概念,在不同的历史时期,人们赋予健康的内涵不尽相同。在传统健康观念里,健康就是没有疾病,而在现代健康观念中,健康是一个具有时代特征的整体观念,并伴随着社会经济和科技文化的发展及医学模式的转变而被赋予了新的含义。1948年世界卫生组织(World Health Organization,简称WHO)在《世界保健大宪章》中提出:"健康不仅是身体没有疾病和免于虚弱,还要有完整的生理、心理状态和良好的社会适应能力。"1978年WHO在世界初级卫生保健大会所发表的《阿拉木图宣言》中明确了健康的定义:"健康是身体上、心理上和社会适应的完好状态,而不是有疾病和虚弱。"1990年WHO对健康进行了补充阐述:"生理健康、心理健康、社会适应良好和道德健康四个方面都健全,才是完整健康的人。"可见,现代健康包含以下四个方面:生理健康、心理健康、社会适应良好和道德健康。同时职业、智力、情绪等新元素将陆续赋予其中。

1. 生理健康

它是健康的基础,指躯体的结构完好、功能正常,躯体与环境之间保持相对平衡。目前全世界公认的关于生理健康的13个标志如下:

(1)生气勃勃,富有进取心。
(2)性格开朗,充满活力。
(3)正常身高与体重。
(4)保持正常的体温、脉搏和呼吸(体温37℃;脉搏72次/分钟;呼吸婴儿45次/分钟,6岁25次/分钟,15~25岁18次/分钟,年龄稍大会增加)。
(5)食欲旺盛。
(6)明亮的眼睛和粉红的眼膜。
(7)不易得病,对流行病有足够的耐受力。
(8)正常的大小便。
(9)淡红色舌头,无厚的舌苔。
(10)健康的牙龈和口腔黏膜。
(11)光滑的皮肤柔韧而富有弹性,肤色健康。
(12)光滑带光泽的头发。
(13)指甲坚固而带微红色。

2. 心理健康

心理健康是指心理的各个方面及活动过程处于一种良好或正常的状态。心理健康的理想状态是保持性格完善、智力正常、认知正确、情感适当、意志合理、态度积极、行为恰当、适应良好的状态。

3. 社会适应良好

社会适应良好是指在不同时期内,在不同岗位上能胜任各种角色。适应不良是指缺乏角色意识。

4. 道德健康

道德健康最高标准是无私的奉献，最低标准是不损害公共利益。道德健康者具有辨别真伪、善恶、美丑和荣辱是非的能力，能按照社会行为准则约束自己及支配自己的思想行为。

（二）亚健康

亚健康是一种临界状态，处于亚健康状态的人，虽然没有明确的疾病，但却出现精神活力和适应能力的下降，如果这种状态不能得到及时的纠正，非常容易引起心身疾病。亚健康即指非病非健康状态，这是一类次等健康状态，是处于健康与疾病之间的状态，故又有"次健康""第三状态""中间状态""游移状态""灰色状态"等称谓。世界卫生组织将机体无器质性病变，但是有一些功能改变的状态称为"第三状态"，我国称为"亚健康状态"。

1. 亚健康的症状

（1）心病不安，惊悸少眠。主要表现为心慌气短，胸闷憋气，心烦意乱，惶惶无措，夜寐不安，多梦纷纭。

（2）汗出津津，经常感冒。经常自汗、盗汗、出虚汗，自己稍不注意就感冒，怕冷。

（3）舌赤苔垢，口苦便燥。舌尖发红，舌苔厚腻，口苦、咽干、大便干燥、小便短赤等。

（4）面色有滞，目围灰暗。面色无华，憔悴；双目周围，特别是眼下灰暗发青。

（5）四肢发胀，目下卧蚕。有些中老年妇女，晨起或劳累后足踝及小腿肿胀，下眼皮肿胀、下垂。

（6）指甲纹理，变化异常。中医认为，人体躯干四肢、脏腑经络、气血体能信息层叠融会表现在指甲上，称为甲象。如指甲出现卷如葱管、相似蒜头、剥如竹笋、枯似鱼鳞、曲类鹰爪、塌同瘪螺、月痕不齐、峰突凹残、甲面白点等，均为甲象异常，病位或在脏腑，或累及经络、营卫阻滞。

（7）潮前胸胀，乳生结节。妇女在月经到来前两三天，四肢发胀、胸部胀满、胸胁串痛，妇科检查，乳房常有硬结。

（8）口吐黏物，呃逆胀满。常有胸腹胀满、大便黏滞不畅、肛门湿热之感，食生冷干硬食物常感胃部不适，口中黏滞不爽，吐之为快。重时，晨起非吐不可，进行性加重。

（9）体温异常，倦怠无力。下午体温常常37～38℃，手心热、口干、全身倦怠无力，应到医院检查是否有结核等。

（10）视力模糊，头胀头疼。平时视力正常，突感视力下降（非眼镜度数不适），且伴有目胀、头疼，此时千万不可大意，应及时到医院检查是否有颅内占位性病变。

2. 亚健康的成因

（1）环境因素。废气、垃圾、工业、噪声及射线等污染，严重损害人们的生存环境，给人类的健康带来了不同程度的危害。

（2）饮食因素。大量的农药、化肥、激素的使用使天然绿色食品显著减少，致使人类摄取的食物严重污染；人工合成精细食品增加，垃圾食品比比皆是；再加上水污染，使人类的健康受到了严重的威胁。

（3）心理压力。伴随着社会发展，来自学习、就业、升迁、恋爱、婚姻、家庭、疾病及人际关系的压力日益增大，人们长期处于高度紧张的状态，必然会透支身体的健康程度。

（4）生活方式。不健康的生活方式，如酗酒、吸烟、吸毒、熬夜、生活作息不规律等

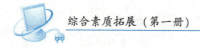

不良的生活方式都会透支健康。

二、健康中国战略的意义与作用

健康是人民最具普遍意义的美好生活需要，而疾病医疗、食品安全、生态环境污染等则是民生突出的后顾之忧。在2016年8月召开的全国卫生与健康大会上，习近平总书记就明确提出要"将健康融入所有政策，人民共建共享"，强调"没有全民健康，就没有全面小康。要把人民健康放在优先发展的战略地位"。同年10月，中共中央、国务院印发《"健康中国2030"规划纲要》，提出"普及健康生活、优化健康服务、完善健康保障、建设健康环境、发展健康产业"五方面的战略任务。党的十九大报告更是将实施健康中国战略纳入国家发展的基本方略，把人民健康置于"民族昌盛和国家富强的重要标志"地位，并要求"为人民群众提供全方位全周期健康服务"，这表明健康中国建设进入了全面实施阶段。

国民健康不仅是民生问题，也是重大的政治、经济和社会问题。健康中国建设不仅直接关乎民生福祉，而且关乎国家全局与长远发展、社会稳定和经济可持续发展，从而具有重大的战略意义。

1. 政治意义

体现以人民为中心的发展取向、治国理念和目标的升华。把国民健康作为"民族昌盛和国家富强的重要标志"并置于优先发展的战略地位，扭转了一段时期以来侧重经济增长，而忽视环境污染、生态恶化和为之付出巨大健康代价的倾向。经济增长并不必然带来国民健康水平的提升，而是需要以民为本的领导决心和全局性、前瞻性的健康规划，以实现健康与经济社会良性协调发展。健康中国建设体现着国家以人民为中心的发展理念和增进民生福祉的发展取向，指明了未来政策和资源的倾斜方向，是国家治理理念与国家发展目标的升华。

2. 经济意义

健康是最大的生产力，健康业是庞大的民生产业。健康是最大的生产力。中国已进入通过提高人力资本提升全社会劳动生产率，实现人口红利从数量型向质量型转换，并助力经济和综合国力持续健康发展的新阶段。鉴于中国近14亿的庞大人口规模，个体健康指标的改善将汇集为全社会巨大的健康人力资本提升。微观层面，对于企业而言，维护员工的职业安全和健康也是有效的人力资本投资手段，有助于提升企业生产率和核心竞争力。在"提供全方位全周期健康服务"的健康中国建设中，健康管理、休闲健身、医养产业、医疗服务产业等健康服务业必将得到长足发展。按照《"健康中国2030"规划纲要》确定的目标，2020年健康服务业总规模将超过8万亿人民币，2030年达到16万亿。作为规模相当可观、覆盖范围广、产业链长且在不断扩张的民生产业，健康服务业培育了民生经济新增长点，有助于推进供给侧结构性改革、优化服务业供给结构、创造就业并拉动经济的可持续增长。

3. 社会意义

健康中国的建设关乎社会和谐安定。发展社会保障顺应的是民生诉求，解决的是民生疾苦，化解的是社会矛盾与经济危机，促进的是国家认同、社会公正与全面发展，维系的是社会安定与国家安全。从本质上说，健康中国建设也是保障民生福祉之策，同样关乎社会和谐安定。例如，若看病难、看病贵，因病致贫、返贫现象突出，健康不公平现象普遍，则会酝酿社会矛盾甚至危机；若慢性病、职业病、失眠抑郁等精神障碍高发，则会降低民众的生活质量，使其难以安居乐业，社会更失安定之基；若突发公共卫生事件得不到及时处置，则会人心惶惶，危及社会和谐稳定；若食品药品安全、环境污染等主要健康危害因素未能加以有效控制，则易引发公众的担忧、不满和社会氛围的趋紧。

4. 政策意涵

凝聚共识，激发国家、社会、个人的共建共享。在健康中国建设的过程中，关注健康、促进健康将成为国家、社会、个人及家庭的共同责任与行动。在国家层面战略性的统筹规划下，凝聚全社会对建设健康中国的共识，跨部门、跨行业、跨所有制的各相关方协同施策，对包括行为和环境的健康影响因素持续发力，才能在全球人口最多的国家实现公众健康状况的持续改善。

健康中国建设标志着健康观和相应政策的优化：从疾病治疗到健康促进。"健康不仅为疾病或羸弱之消除，而系体格、精神与社会之完全健康状态。"过去一段时期，中国健康领域实际上以疾病治疗为中心，相关制度安排与资源投入亦将重点置于解除疾病的医疗问题上。然而，医学治疗对健康的影响有限，个人行为、生活和社会环境等才是健康更关键的决定因素，疾病治疗为中心的策略失之偏颇。健康中国战略下由疾病治疗全面向健康促进发展，寓健康于万策，发挥中国政治制度的优势，从健康影响因素的广泛性、社会性、整体性出发进行综合治理，无疑是健康观和相应政策的优化。

课堂思考

巴马长寿村位于广西壮族自治区西北部巴马瑶族自治县，是世界五大长寿之乡中百岁老人分布率最高的地区，被誉为"世界长寿之乡，中国人瑞圣地"。想一想，除了得天独厚的自然环境，还有哪些因素是巴马村村民长寿的原因？

第二节　影响大学生健康的不良行为

近年来，几乎每年全国各地都会发生大学生猝死的事件，不少人认为熬夜、少运动、不良饮食习惯等生活方式是引发猝死的原因。一系列事件将影响大学生健康问题推至了风口浪尖。

一、大学生性卫生问题

（一）艾滋病的传染

1. 关于艾滋病

艾滋病，英文简称 AIDS，是由艾滋病病毒（HIV）引起的性传播疾病。HIV 是一种能攻击人体免疫系统的病毒。它把人体免疫系统中最重要的 CD4T 淋巴细胞作为主要攻击目标，大量破坏该细胞，使人体丧失免疫功能。

先来看一组让人细思极恐的数字：

- 北京：2015 年 1 月至 10 月新增艾滋病病例 3 000 余例，青年学生感染人数上升较快。

● 南昌：2016年9月，南昌市疾控中心公布数据显示，至2016年8月底，南昌全市已有37所高校报告艾滋病感染者或病人，共报告存活学生艾滋病感染者和病人135例，死亡7例。近5年来，青年学生艾滋病疫情年增长率为43.16%。

● 上海：2015年共报告发现青年学生感染者92例，较去年同期上升31.4%。

● 广州：从2002年开始发现学生感染艾滋病病例，截至2013年底已累计117例，九成都是经同性的性传播感染。

● 长沙：截止到2017年4月6日，报告现居地为岳麓区的艾滋病病毒感染者已达到603人。而岳麓区辖区内云集了众多高校，青年学生人口密集，至2017年4月21日，已发现报告为学生的感染者106人。

高校本为学习的乐土、创新的乐园，为何成为艾滋病重灾区？艾滋病又是如何入侵"象牙塔"的？

（1）高校染艾者八成源于"好基友"。

根据国家卫计委公布的数据，性传播是感染艾滋病的主要途径，而在青年学生中通过男男性传播感染已达81.6%，形势非常严峻。

以广东为例，2002年至2015年，广东累计学生艾滋病病例为630例，其中男男同性性传播占比70%；在江西南昌2011—2015年新发学生病例中，男男同性性传播占83.61%；湖南省从2007—2015年累计报告536例当中，这些感染艾滋病病毒的学生主要是男性，占90%以上，传播途径以男性同性性传播为主，占69.6%。

（2）性观念开放，性知识滞后。

随着时代的发展，人们对于性话题及性行为的接受程度越来越高。2015年，针对北京、上海、广州、深圳、武汉、西安等34个城市的高校本科生，分男女、年级进行摸底调查研究显示：接受调查的大学生中60.5%接受性解放、性自由，67.1%接受婚前性行为，近七成大学生接受未婚同居行为。

（3）教育宣传的缺位。

根据调查显示，互联网、书本、杂志和跟同龄朋友交流是获取性知识的主要途径。其中，不少男生通过互联网、色情材料了解性知识。

（4）较低的自检率和自知率。

很多大学生碍于面子，由于不好意思的心理作祟，艾滋病的自知率并不高。有些人是因为不想知道自己是感染者，因为担心检测出来后根治不了却还要受歧视，找不到工作。潜在的社会歧视是影响中国艾滋病感染者自知率较低的一个主要原因，而社会歧视存在的根本原因，还在于公众对艾滋病的传播方式还并不了解。

2. 准确认识艾滋病

艾滋病是一种目前尚无有效治愈方法但是完全可以预防的严重传染病。艾滋病威胁着每一个人和每一个家庭，预防艾滋病是大学生，也是全社会的责任。艾滋病主要通过三种途径传播：性接触、血液、母婴传播。

大学生预防经性途径传染艾滋病：

（1）首先是洁身自爱、遵守性道德，其次是正确使用避孕套。使用避孕套不仅可以避免怀孕，还可以预防性病和艾滋病。

（2）预防经血液途径传染艾滋病首先是不要吸毒，特别是不能共用注射器或使用未消毒的注射器静脉注射毒品。

（3）预防经血液途径传染艾滋病的另一个方面是避免使用未消毒的器械拔牙和其他侵入人体的操作，避免使用不安全的血液和血液制品。

（4）已感染艾滋病病毒的女性避免怀孕和哺乳可以预防经母婴途径传染艾滋病。

（5）与艾滋病病人及艾滋病病毒感染者的一般生活工作接触是不会传染上艾滋病的，不必恐惧与艾滋病病人接触。不要歧视艾滋病病人及艾滋病病毒感染者，给予他们人道主义的关心和帮助有利于预防和控制艾滋病。

（二）意外妊娠终止的途径选择与相关疾病

走在大学的校园里，随处都可以看见牵着手的情侣。女大学生未婚同居和婚前性行为的现象日趋增多，由于缺乏对婚前性行为后果严重性的认识，意外妊娠、人工流产比率呈上升趋势。同时由于缺乏对相关医学知识的了解，她们意外妊娠后，在紧张、害怕、害羞等心理压力下，常常选择比较隐蔽的地方流产，无疑加大了术后并发症和各种心理问题的发生，严重威胁女大学生的身心健康。

真实事例：

四川绵阳一位年仅 19 岁的女大学生张苗（化名），在一个网上结婚游戏中披上了嫁衣，当上了一名陌生网友的"网上新娘"。后来 2 人关系由此迅速升温，并发生了一夜情，可是他们忽略了安全措施，没有使用安全套。他们天真地认为：发生一次性行为应该不会怀孕的。然而，3 个月后，女大学生意外发现自己怀孕了。为了不让家人、同学发现，她瞒着学校、家人和同学，私自到附近医院做了人流手术。更可怜的是，她做完手术后，没有待在医院观察，竟私自回到宿舍，结果她因子宫穿孔引起腹部疼痛。由于怕他人知情，她向同宿舍的好友隐瞒了实情，致使延误治疗 16 个小时，最终抢救无效死亡。19 岁的青春一瞬间就消逝了，一朵含苞待放的花朵就这样凋谢了。

1. 不正规私人诊所的危害

女大学生意外妊娠后趋向于选择远离就读学校的私人诊所进行终止妊娠手术，她们认为私人诊所较隐秘，不易被认识的人发现，不用挂号，不用排队，可以讨价还价，感觉在价格上要便宜一点，而忽视了对医务人员的资质、水平的了解，只要能解决问题就行，对在卫生消毒条件差的情况下进行流产可能导致的风险缺乏认识。据调查发现，私人诊所卫生消毒条件差，诊所离居住地较远，流产后存在的问题不能及时就诊或随访，导致生殖系统感染的并发症增加。

在意外妊娠后，因药物流产痛苦小，方法简便、易行，女大学生选择药物流产率较高。但药物流产出血时间较长，发生不全流产的概率较高，不及时处理易造成大出血、生殖道感染等并发症。

部分女大学生在人工或药物流产后，当身体出现异常征象时，往往不到正规医院及时进行诊治，认为只是没有休息好造成的。有的自己对照书本资料盲目吃药治疗。即使到校医院就诊，也常常是隐瞒病史，为医生对病情的及时正确诊治造成困难，甚至延误病情。

2. 意外妊娠的几点建议

（1）接受妇科专业医生的指导。

所有怀孕女性，尤其是女大学生，都需要悉心的照料。对怀孕三缄其口是件冒险的事儿，即便不能面对父母，也应该听从医生的意见，而且越早得到医疗护理，身体状况才会恢复得越快。

很多女孩子认为告诉医生并不是一个好办法。医生只不过是个陌生的人，向他们坦白实在是太尴尬。其实，这个时候你是最需要医生的照顾、心理的辅导，专业的医生会帮助你减少焦虑、做出有利于你一生健康的决定。

（2）尽早实施人工流产。

人工流产目的是终止妊娠，愈早中止愈安全。怀孕期如果是在三个月以下，手术比较简单、安全，手术进行后，略微休息几天就可恢复。但是，如果胎儿已有三个月以上，情况就复杂得多，手术也相应复杂，对人身体的伤害也会随之加重。

许多女孩在发现自己意外怀孕后，惊慌失措怕被别人知晓，匆忙之下选择一些不正规的小医院进行人工流产，这样做是很危险的。施行人流手术一定要在专业医院经医生进行检查，根据身体健康状况、有无药物过敏史、孕期长短、经B超检查有无宫外孕情况，最终确定适合自己身体状况的手术方法。

（3）术后调养

术后2周内，适当卧床休息，不要过度劳累和做重体力劳动。注意饮食，要多吃有营养的食品。

术后2周内或阴道流血未干净前不要坐浴，在未经医生许可的情况下不要洗澡。保持外阴部清洁卫生，每天用温开水清洗1～2次，勤换卫生巾。

1个月内禁止性生活，以防生殖器官感染。如果出现阴道出血量多、腹痛、呕吐或发高烧等情形，应立即找专业医生诊治。

（三）生殖系统疾病

1. 男性生殖系统疾病

男性生殖系统疾病的常见症状包括与泌尿外科疾病有关的排尿异常、脓尿、尿道异常分泌物、疼痛、肿块、性功能障碍及男性不育症等。

常见的男性生殖系统疾病有：①前列腺痛。急性前列腺炎引起化脓时，患者可以感到尿道深处及阴茎根部疼痛。在排尿及排便时也可以出现疼痛。慢性前列腺炎时，患者可以感到钝痛及会阴、腹股沟不适感。②睾丸痛。睾丸很少出现疼痛，大部分无需担心。有些人在新婚射精过多时可以出现睾丸疼痛。这种情况称为房事过度。当睾丸受到打击时，下腹部可产生非常剧烈的疼痛，但很快就可以消失。当发生睾丸扭转时，可以急速出现剧烈疼痛。继发于流行性腮腺炎的睾丸炎可以引起轻度的压迫性疼痛。结核性睾丸炎很少出现疼痛。通常情况下，睾丸周围出现的疼痛绝大多数是附睾炎所致。③附睾痛。由大肠杆菌引起的附睾炎可以引起睾丸肿胀、发红、剧痛，有时可以造成行走困难。由衣原体引起的附睾炎，附睾肿胀较小，出现轻度钝痛。

2. 女性生殖系统疾病

女性生殖系统疾病具有患病率高、无症状比例高、不就诊的比例高和得不到合理治疗比例高的特点，导致各种严重并发症和后遗症。女性生殖健康水平直接影响着人口素质。目前，女性生殖系统疾病已经成为全球范围内危害严重的重要传染病之一。

常见的女性生殖系统疾病有：

（1）宫颈炎。宫颈炎是育龄妇女的常见病，有急性和慢性两种，临床上以慢性宫颈炎多见。

（2）阴道炎。阴道炎是妇科门诊常见的疾病。临床上以白带的性状发生改变以及外阴瘙痒灼痛为主要临床特点，生理痛也常见。

（3）功能失调性子宫出血。功能失调性子宫出血是现代医学的病名，是指由于卵巢功能失调而引起的子宫出血，简称"功血"。

（4）阴道癌。阴道癌是一种少见的阴道恶性肿瘤，可分为原发性和继发性两种类型。

（5）外阴癌。外阴癌是外阴的恶性肿瘤，并不太少见。

（6）卵巢癌。卵巢癌是发生于卵巢组织的恶性肿瘤。临床上可出现下腹不适、腹痛、腹部包块、月经紊乱、压迫等症状。

（7）宫颈癌。宫颈癌是宫颈阴道部或宫颈管内的上皮细胞所发生的癌变。从组织角度以子宫颈鳞状细胞癌为主。

（8）子宫癌。多指子宫体癌，即子宫内膜癌。早期即可出现不规则阴道流血等症状。

（9）葡萄胎。水疱状胎块，妊娠后胎盘绒毛滋养细胞异常增生，间质高度水肿，形成大小不一的水疱，水疱间连结形状如葡萄串一样。

（10）盆腔炎。女性内生殖器（如子宫、输卵管、卵巢、盆腔腹膜）及其周围的结缔组织、盆腔腹膜发生炎症时，称为盆腔炎。

二、学习起居卫生与行为问题

（一）"低头族"的危害

低头族（英文名：Phubbing 单词由澳大利亚麦肯和 Macquarie 大辞典联手精心杜撰而来，形容那些只顾低头看手机而冷落面前的亲友的"低头族"），是指无论何时何地，都做"低头看屏幕"状，有的看手机，有的掏出平板电脑或笔记本电脑上网、玩游戏、看视频，想通过盯住屏幕的方式，把零碎的时间填满。

1. "低头族"现实事例

● 苏州一名高二女生因长期低头看手机导致颈椎间盘突出 8mm，压迫脊髓，患上严重的脊髓型颈椎病。一般来说，颈椎病会随着年龄的增大而增加，但开始有低龄化倾向，随着智能手机的普及，呈快速发展趋势。20 世纪 90 年代，某医院推拿科一个月的门诊，大约可以接诊二三百例颈椎病患者，而且都是以中老年为主，病因除了年纪增大外，还有躺在床上看电视、看书，或者长期坐姿不正确等。而易患人群则为教师、会计等需要俯首的职业人群。如今，他们接诊的颈椎病患者要翻上几番，每月大约至少要接诊近千例。其中，20 岁至 35 岁的大学生和白领就占了"半壁江山"。而几乎所有的年轻病人都会对他说，他们喜欢长时间低头玩手机和平板电脑。

● 湖北 17 岁的女生商某外出与同伴聚餐，边走路边玩手机，要过一座桥时，一脚踏空，掉入没有护栏保护的深坑，经抢救无效死亡。

● 2015 年 6 月 14 日 15 时 26 分，绵阳江油市太平镇中队接到群众报警称：江油市摩尔玛超市门前一名女孩腿卡进下水道护栏里无法取出，请求消防官兵前往救援。由于该名女孩走路时玩手机太过专注，没注意脚下的下水道这才出现了此次事故，所幸身体无大碍。

● 一位 27 岁的常山女性董冰（化名），6 月 14 日早上被发现时，身体已没有温度。当时她侧卧在床上，手里还捏着一部华为智能手机，眼睛还盯在手机上，手机屏幕定格在淘宝毛线类商品页面。

常山警方称，经法医尸表检查结果：死者并无外伤，属于猝死。能产生猝死的原因有两种，一种是脑梗死猝死，一种是心源性猝死。脑梗死猝死的人会瞳孔不对称，或因颅内增压产生呕吐现象，死者没有这样的症状。死者身上有缺血现象，眼结膜和嘴唇发白，且有小便失禁的现象，这些现象都是心源性猝死的反应。

民警称，结合死者家属反映，死者生前很喜欢玩手机，并且经常玩到很晚，还有失眠情况和心动过速。法医经过尸表检查后确定，她应该是疲劳过度引起心源性猝死，"长时间无法保证充足睡眠，经常通宵玩手机，人会很疲劳。一旦发生心室性心动过速，极有可能在短时间内突然死亡"。

2. "低头族"现象对大学生的消极影响

（1）学习方面。

上课的时候，学生大部分时间都在低头玩手机、打游戏、看小说、看娱乐新闻等，导致不注意听课，老师讲解的内容也不能及时吸收掌握。久而久之就会出现各种不良的后果，如迟到、早退、旷课，上课昏昏欲睡，对课程提不起兴趣，不完成课后作业，即使完成大多数也是抄袭、代做，课后不及时复习巩固知识，并且对于考试交白卷毫无羞愧之心，与任课教师和班干部作对，没事找事故意气老师。这些学生对学习产生厌恶和不在乎的情绪，最终导致学业难以顺利完成。

同时，长期习惯低头用手机搜索网络上现成的信息资源，必将导致大学生越来越缺乏独立思考和自主研究的能力。现在大学校园里的一个普遍现象是，每当要完成作业时，同学们习惯低头用手机上网搜索，进行简单的复制粘贴，这是大学生"低头"一族惰性思维、缺乏独立自主学习能力的表现。手机等移动终端降低了大学生在课堂上的注意力，影响了课堂教学效果。"低头族"依赖手机等移动终端学习，学习时间碎片化，学习缺乏系统化，不利于专业知识的逐步积累。

（2）健康层面。

高职院校大学生"低头族"现象已经影响到他们的身体健康。学生对在课堂上低头玩手机还是有一定的顾虑和担忧，从而导致精神有时处于高度紧张状态；另外，由于在课堂上玩手机都是悄悄地玩，一般是把手机放在桌子里面低头偷偷地看，光线比较暗对视力很不好。过度使用手机等移动终端是催生"低头族"出现的原因之一。据调查，大学生或多或少地存在颈椎病、头晕、恶心、眼部不适、睡眠质量下降等健康问题。大学生长期"低头"的话，反应力和记忆力都会下降。

（3）人际交往。

大学生"低头族"往往会产生社交焦虑的症状，过度依赖手机等移动终端，在虚拟网络里寻求慰藉，导致部分大学生存在着沉迷网络、疏离同学的现象。这正是因为大学生"低头族"无法正确处理虚拟与现实的关系造成的心理落差，说明"低头族"现象不利于高职大学生培养健康身心、开展正常的社会交际、适应大学生活。

（4）价值认知。

当今社会发展阶段中，传统道德意识匮乏，拜金主义、功利主义、享乐主义等不良社会思想暗自滋生，手机等移动终端信息传播速度快，但是在信息真实性管理等方面还很不健全，对于大学生"低头"一族而言，缺乏监管的信息和其中的色情、暴力等违法信息都可能危害大学生人生观、价值观、世界观的树立。

(二) 缺乏运动

近年来，中国大学生运动猝死的事件频繁见诸报端。在网络滋养的"宅"文化下，部分大学生陷入了"宅一代"的旋涡，由于缺乏锻炼，营养不良、体重上升、体能下降等健康问题已然成为大学生的"职业病"。

1. 缺乏运动的危害

（1）易导致骨质疏松。

经常适当地运动能刺激成熟的骨细胞并抑制破骨细胞，如果运动量太少，骨承受通常的机械应力不足，就容易导致骨膜下骨吸收的钙、磷等物质过度的丢失，进而引起骨质疏松。

（2）形成关节粘连。

运动不足会使关节的结构产生一些变化，使得关节囊和韧带组织缺乏被动牵伸，弹性较差，容易导致关节活动幅度受限，内部纤维排列紊乱，韧带止点骨质薄弱，进而造成韧带强度不足。

运动不足还容易引起关节内滑膜纤维、脂肪组织增生，形成关节内粘连，同时还会妨碍关节滑液的分泌和流转，使得关节面软骨缺乏挤压，引起软骨营养障碍及萎缩，受压处软骨则由于弹性改变，易出现坏死和脱落。

（3）发生肌肉萎缩。

运动不足会导致肌肉力量、耐力下降，严重者会发生废用性肌萎缩。通常健康成年人安静卧床1周可使得肌力下降20%，如果再卧床1周，则会在此基础上再次下降20%，同时肌纤维会变细。另外，缺乏运动还会使得肌肉组织内的无氧和有氧代谢酶活性下降。

（4）增加患心肌梗死的危险性。

长期缺乏运动可使得人体安静时心率加快，心脏每次搏动的输出量减少，有研究证明，安静卧床休息3~4周，人体的血容量可以下降17%。在这种情况下，一旦体力负荷增大，只能靠增加心率来满足机体的需要，从而导致心肌耗氧量相对增加，心肌缺血增加了冠心病病人心肌梗死的危险性。

运动不足者血液中脂蛋白成分可发生改变，使得具有防止动脉粥样硬化作用的高密度脂蛋白水平下降，因而容易引起动脉粥样化的危险性。

（5）肺功能减退。

长期不运动，可导致呼吸肌无力，肺泡弹性降低，影响肺的通气功能，肺最大通气量降低，肺内气体交换能力降低，血红蛋白携氧能力也会下降，较小负荷运动时即可出现胸闷、气急的症状。

（6）易疲劳乏力。

长期缺乏运动，大脑血流缓慢，神经细胞营养供应不足，工作能力降低，容易导致疲劳，常出现头晕眼花、神思疲倦的症状。

（7）形成肥胖。

运动不足可以使体内能量消耗降低，过剩的能量以脂肪的形式存储在皮下、器官中，易引起肥胖，而肥胖又容易引起高血脂、高血压、高血糖。

三、食品卫生与安全问题

（一）不良饮食习惯

不良饮食习惯指人们在日常生活中养成的，对自身身体健康不利的饮食习惯。不良饮食习惯包括过度饮食，高脂肪、高热量、高蛋白饮食，低纤维素饮食，偏食与挑食，高盐饮食，大量食用含致癌物质的烟熏、火烤、油炸食品，进食过快、过酸、过热和过硬，就餐不规律，不吃早餐，过食辛辣食品，酷爱甜食，嗜饮碳酸饮料和果汁等。

（二）酗酒

在医学界将酗酒定义为：一次喝5瓶或5瓶以上啤酒，或者，血液中的酒精含量达到或高于80毫克/1 000毫升。由于大量酒精会杀死大脑神经细胞，长此以往，会导致记忆力减退，还可能引起脂肪肝、肝硬化等肝脏疾病，情况严重者必须进行肝脏移植才能保全性命。

（三）吸烟

吸烟有危害，不仅仅危害人体健康，还会对社会产生不良的影响。任何有组织生物体只要还有生命迹象就要呼吸，呼出体内的二氧化碳，吸入空气中的氧气，进行新陈代谢，以维持正常的生命活动。不吸烟的人，每天都能吸入大量的新鲜空气；而经常吸烟的人，却享受不到大自然的恩惠，吸入的不是新鲜空气，而是被烟雾污染的有毒气体。

（四）毒品

日趋严重的毒品问题已成为全球性的灾难，毒品灾害几乎蔓延到世界上所有的国家和地区。我国当前禁毒形势十分严峻，毒品来源多元化、毒品滥用多样化和制贩吸毒一体化的趋势更加明显，传统毒品继续发展，新型毒品危害来势迅猛，中国已形成了海洛因、摇头丸及其他麻醉药品、精神药品等多种毒品交叉滥用的局面。

课堂思考

许多大学生已经知晓艾滋病会给自己带来不可弥合的人身伤害，但是，在"谈艾色变"的逼仄现实中，有些同学依旧是"思考的巨人，行动的矮子"。这一直接性的后果便是艾滋病在人们"虎视眈眈"的眼光中溜进了校园。怎样给校园艾滋病穿上免疫的外衣？

第三节　养成大学生健康文明的生活方式

"健康来自健康的生活方式"，健康文明的生活方式是现代人应有的素质。所谓健康的生活方式，简单地说就是能很好地满足人们的合理需要，保证生理和心理健康发展的生活方式。大学生是祖国的未来，是国家宝贵的财富，因此，在大学期间养成健康文明生活方式具有重要意义。

第九章 身体健康是最大的财富

一、合理安排膳食

怎样安排好一日三餐？这对当代大学生来说，似乎是一个再简单不过的问题，但要真正做到合理膳食，以适应大学生的要求，却又不是那么容易。当前在校的大学生，年龄一般都处在20岁左右，身体还处于发育的旺盛阶段，一方面要求有合理的充分的营养来满足生理的需要；另一方面，要消耗大量的脑力劳动，以适应大学的紧张学习。因此，大学生合理安排饮食，应注意以下几个方面：

（一）食物搭配多样化

在饮食中尽可能选择多样化的菜肴和主食，以确保各种营养的充分供给。众所周知的六大营养素是：蛋白质、脂肪、碳水化合物、无机盐、维生素、水。大学生就餐时，应不断变换品种，保证饮食多样化。（如两三个同学可以买上几份不同的菜肴，共同就餐）。最好的方法是餐厅根据食物的营养给菜肴以合理的搭配，搞好营养膳食，使学生能够吃到营养全面的饭菜。

（二）三餐热量摄入均衡化

适当安排好三餐热量摄入的比例。有这样一句谚语"早餐要吃好，午餐要吃饱，晚餐要吃少"。目前大学生的热量供应基本达标，但三餐之间热量的分配也并非尽善尽美，早餐要吃得好，也要吃得饱，现在不少学生早餐吃得少，且质量差，而不少大学上午的课程安排很满，如吃不饱、吃不好，很难坚持到中餐，同时也影响上课的效果。除此以外，晚上也要吃得饱，否则也会影响到晚自习。三餐热量的摄入以早餐30%，中、晚餐各占35%的比例为好。

人体不可缺少的微量元素还包括铁、氟、锌、铜、钳、钴、铬、锰、镍、硅、碘、硒、锡、钒等。医学把它们称作人体必需的"微量元素"。为了增强体质，怎样从"盘中餐"获得理想的元素呢？

一是常吃"粗食"。谷物的许多营养元素，集中在谷皮里。如出粉率72%的精制白面，仅能保留原小麦五分之一的"镁"和七分之一的"铬"。精制的白糖，只含有粗糖1%的镁，7%的铬，无机盐比粗糖少30倍。一些专家认为，缺"铬"会导致动脉粥状硬化；相反，"镉"少"铬"多且"铅"积累少的健康人，有可能活到90～100岁。

二是不可"偏食"。品种多样、合理搭配的饮食，是摄取多种营养的保证。"偏食"的人，把三餐美味中的一部分营养元素都拒之体外，时间久了，自然而然就发生营养缺乏症。

三是"吃菜喝菜汤"。做菜、吃馅常"挤"掉菜汤。殊不知，菜汤里富含植物细胞内宝贵的金属"钾"；菜本身反而成为"低钾菜"。缺"钾"对心脏、血压、都十分不利。所以，"原汤化原食"即吃菜又喝汤，是科学合理的吃法。

四是避免"以药代食"。自然食品的营养是均衡的。如果"以药代食"，过量地摄入某种元素——包括必需的微量元素，就会变得具有"毒性"，生命可能因此而受到影响。例如大量服用铜剂，能引起难以医治的威尔逊症。所以，我们还是应从"盘中餐"里去索取营养，不可滥用营养药物。

五是不吃"污秽饮食"。众所周知，重金属的污染，比农药等有机物的污染还要严重。因为农药等化合物在自然界中尚可缓慢分解，净化为"无毒"物质。而重金属中的有毒元素却无法分解，进入人体后就会引起不良后果。因此，被有毒元素污染过的食物，要避免入口。

（三）蛋白质供应优质化

增加蛋白质的摄入量。蛋白质是生命活动的基础，在体内不能储存，每天都必须摄入，因而必须保证蛋白质的供给。从调查结果看，目前大学生的蛋白质供应量普遍不足，组成上以植物性蛋白质居多，动物性蛋白质比例很少，且质量较差。因而在膳食中应增加富含蛋白质的原料做的饭菜，像瘦猪肉、鸡鸭肉、蛋类、奶类以及豆制品等。早餐可喝些豆浆，有牛奶更好。考虑到部分学生的经济状况，可多吃些豆制品，对补充蛋白质大有裨益。蛋白质的摄入量每天应达到70克的供给量标准，其中动物性、豆类的蛋白质最好占三分之一以上。

（四）脂肪摄入标准化

在日常饮食中应适当增加脂肪的摄入量。脂肪包括中性脂肪和类脂，是人体重要的热能营养素。此外，脂肪中含有的磷脂固醇对增进大脑神经的功能有一定的作用；还有一部分脂溶性维生素，是供给维生素A、D、E、K的主要途径。因此，摄入的脂肪量应满足机体的需要。目前，有部分学生受"节食风"的影响，过分节制脂肪的摄入，有点谈"脂"色变，这是不可取的。况且现在学生脂肪的摄入量很少达到每天50克的标准。所以要通过多吃些动物性菜肴或用植物油烹制的菜肴的方法来增加脂肪的摄入量。

（五）维生素吸收丰富化

在饮食中多吃一些富含维生素的食物。维生素包括脂溶性和水溶性两种，它们是调节体内生理功能所必不可少的物质。动物的肝脏、一些海产品、植物油等是脂溶性维生素的主要来源，而蔬菜水果则是水溶性维生素的主要来源。有些维生素，譬如VC在烹调过程中极易受到破坏。所以，学生在选择菜肴时，应以富含维生素的瓜果蔬菜以及肝脏等为主，也可采取一些补救措施，如平时多吃些（生食）水果蔬菜中含维生素多的如西红柿、黄瓜、青椒、红心萝卜等。

（六）饮食安排合理化

应注意根据季节变化合理安排饮食。食物属性不同，食用时间有所不同。性平的食物四季都可以食用；性温的食物除夏季适当少食用外，其他季节都可食用；性凉的食物夏季可常食用，其他季节须配性温的食物一起吃；性寒的食物尽量少吃，如食用必须加花椒、生姜、辣椒等一起吃。对于大学生，特别是一些女同学更应注意，冬天可多吃些以烧、炖、焖方法烹制的羊肉、猪肉等；而夏天则宜吃些凉拌清炒等方法烹制的清淡食物，但要注意的是冬不可极温，夏不可极凉。此外，应限制刺激性食物的摄入，除长期的饮食习惯外，辛辣酸性食物不宜过食，否则会引起亢奋，易使神经系统失去平衡，从而导致精神及情绪的极大波动，特别是禁止吸烟和喝酒，对浓茶和咖啡也以少食为宜。

二、适当地进行有氧运动

"生命在于运动"这个道理人人都知道，但是并非所有的运动都有益于健康。

有氧运动才是科学的健身方法。那么，什么是有氧运动呢？有氧运动是美国著名心脏病学家兼健身专家肯尼斯·库珀博士首先提出的。所谓有氧运动是指人体在充分供氧的情况下进行的运动。这种运动强度较低、持续时间较长，主要由有氧代谢提供能量。人们经常从事的长距离散步、慢跑、跳舞、骑自行车、游泳及滑冰等均属于有氧运动。

有氧运动对身体有很多好处：可提高大脑、心血管和肺等重要脏器的功能，延缓机体衰老的进程。有氧运动可以改善心、脑等器官的血液供应、增加营养、促进代谢、从而可降低心脑血管疾病的发生。有氧运动还可增加骨骼密度，防治骨质疏松。持久的有氧运动还有利于降低血压、血脂及血糖。它还是对人体无伤害的减肥方法之一。如配合控制饮食，减肥常收到理想的效果。与无氧运动相比，有氧运动还会带来心情的愉快，从而提高机体的免疫力。

大学生适当地进行有氧运动，有利于身体健康。

三、改变不良行为

无规律的生活习惯会扰乱人体的生命节律，降低人体的免疫力，使疾病发生率增高，对健康极为不利。大学生要改变一些不良生活行为，做到：

（1）起居定时，按时作息，保证充足的睡眠。睡前不喝茶或咖啡，进食不过饱。心情平静，避免焦虑或激动，不做剧烈运动。

（2）学习、生活、工作有张有弛，不过度紧张和长期劳累。

（3）不吸烟。吸烟不仅浪费金钱，影响环境，危害安全，而且与高血压、慢性支气管炎、冠心病、癌症等多种疾病有直接关系，严重危害健康。吸烟是人类严重的不健康行为。21世纪将是一个以不吸烟、不敬烟为时尚的时代。

（4）不酗酒。长期大量饮酒会损害人体的肝脏、肾脏神经和心血管系统，酒后驾驶是对自己和他人的生命不负责任的行为。

（5）不沾染毒品（海洛因、大麻、冰毒、摇头丸等）。毒品麻醉人的神经，危害极大，所有的人都应该远离毒品。切不可与别人共用针头注射毒品，否则极易传染艾滋病和肝炎等疾病。

（6）保持忠贞的爱情，遵守性道德。卖淫、嫖娼是传播性病、艾滋病、肝炎的高危险行为。

（7）娱乐有度，不放纵，如不看通宵电影，不打通宵麻将，上网打游戏、听音乐音量不过大。

（8）不喝生水或不清洁的水，不吃不洁或腐败变质的食物。

（9）不随地吐痰，不乱扔垃圾，不践踏草坪，不毁坏树木，不浪费资源，等等。

四、学习健康知识

身心健康、体魄强健、充满活力是中华民族旺盛生命力的体现。大学生是我国未来经济社会建设的生力军，是社会文明进步的支柱。大学生是否具备健康的身心、强健的体魄、勃勃的生机，关系祖国与民族的未来，但在校园内发现有乙肝、艾滋病、结核病等传染病，严重威胁到大学生的身心健康，危及祖国未来的希望。大学生必须树立强烈的健康意识。

（一）青春期生理健康

青春期生理健康包括很多方面，我们主要讲如下几个问题：

1. 手淫

手淫是指通过自我抚弄或刺激性器官而产生性兴奋或性高潮的一种行为。这种刺激可以通过手或是某种物体来诱导发生。手淫在青春期的男、女生中均可发生，以男性更多见。

手淫是一种正常的性自慰行为，是释放性能量、缓和性心理紧张的一种措施。当然，过度手淫也是不利的，过度手淫会使机体的性高潮在无须异性的正常诱惑下就得以满足，这是一种异常的、变态的性满足方式。适度、偶尔、有节制的手淫对身体无害，应视为正常的生理心理现象，但长期、频繁、无节制的手淫会损害身体，影响学习。手淫是能够自我控制的，必要时可接受心理咨询和指导。

手淫不但会引起尿道口充血水肿，而且不洁手淫很容易造成细菌等病原体侵入尿道内，引起发炎，应及时去治疗。因此，大学生应注意性知识的学习，养成科学、健康的生活习惯，加强个人卫生，正确认识性欲和性心理现象，注意早睡早起、不睡懒觉、不俯卧位睡觉，睡前不看黄色书刊及影视，把主要精力放在工作、学习、运动和健康的娱乐活动方面。

2. 痛经

在经期或经期前后反复出现较严重的小腹疼痛、腹坠，伴腰酸或其他不适，以至于影响学习、生活和工作的病症称为痛经。痛经分为原发性和继发性两种。原发性痛经是指生殖器官无器质性病变的痛经，也称为功能性痛经，常见原因为先天性子宫畸形、子宫发育不良、子宫过度倾曲、宫颈管狭窄、体质因素及精神因素等。这些情况，大多数在生育后可缓解。继发性痛经发生于月经初潮3年后，常并发器质性疾病，如子宫内膜异位症、子宫肌瘤、盆腔感染、宫颈粘连等。

青春期痛经一般为原发性痛经，具有以下特点：本病发病时间可在经期，也可在行经前后三到五天以内。多为周期性反复发作，可自行缓解。疼痛时为下腹部阵发性胀痛、绞痛、坠痛为主，可放射至腰骶部、股内前侧及阴道、肛门。疼痛剧烈者可出现面色惨白、四肢厥冷、出冷汗，甚至虚脱。一般持续时间为12~24小时。

痛经的治疗：重视心理治疗、经期按摩腰部、局部热敷，疼痛难忍时，可在医师指导下做非麻醉性镇痛治疗，也可在行经初立即服用维生素B6 40毫克，4小时后再服40毫克。维生素B6可增加子宫肌细胞中镁离子的注入，激活ATP酶，耗竭ATP使子宫肌松弛，达到治疗痛经的目的。

3. 避孕知识

避孕是采用不妨碍正常性生活、不影响身体健康的预防性措施，以达到暂时阻止受孕的方法。常用的避孕方法有：

(1) 工具避孕：是利用工具防止精子和卵子结合或通过达到改变宫腔内环境达到避孕目的的方法。常用的有避孕套避孕（目前应用较广且能防止性疾病的传播）、宫内节育器避孕（适合于有生育能力而又不允许生育的已婚妇女）。

(2) 药物避孕：是应用避孕药物来达到避孕目的的方法，作用在于抑制卵泡成熟和排卵，影响子宫内膜的生理变化，妨碍受精卵在子宫内膜上发育成胚胎，或改变子宫颈管分泌物的性质，阻碍精子通过子宫颈进入宫腔。避孕药有长效避孕药、短效避孕药、速效避孕药、缓释系统避孕药、外用避孕药。除此之外，还有紧急药物避孕，是指在无防护性措施的情况下性生活后或避孕失败后短时间内采取的防止妊娠的避孕方法，这种方法只能对一次性无防护性生活起保护作用，不能作为常规避孕方法。常用的紧急避孕药有米非司酮、毓婷等，应用时一定要在医师的指导下，因为采用紧急避孕是有适应证的，不能随意应用。

(3) 安全期避孕：排卵大部分发生在下次月经来潮的前14天左右，成熟卵子自卵巢排出后可存活1~2天，其中具有受精能力是在6~24小时内，性交后精子在女性生殖道内可存活48~72小时，因此，排卵前4天、排卵日、排卵后5天共10天是容易受孕的日期，其余日期均为安全期。未生育男女由于生理及心理特点，排卵不规律以及性生活比较频繁，不宜采用安全期避孕或体外排精法。

4. 避孕失败的补救措施

避孕失败的补救措施主要采取人工流产来终止妊娠。人工流产有药物流产和手术流产。药物流产虽然号称无创流产，但仅适用于妊娠7周内，常用药物为米非司酮和米索前列醇，主要副作用为流产后出血时间过长、出血量多甚至流产不全，从而还得采用手术刮宫，可能造成严重后果。值得提醒的是，人工流产只是避孕失败后的补救措施，决不可以此作为避孕手段，反复流产一定会对健康带来不利，影响今后的爱情婚姻生活。

（二）常见性传播疾病的防治

传染病是由细菌、病毒和寄生虫等病原体传染而引起。病原体可通过饮料食品、呼吸空气、接触物品、昆虫叮咬等途径，从病人或带菌者传播给其他人，引起传染病，甚至造成流行。大学生多以集体形式群居，共同学习生活，接触密切，一旦发生传染病，易在人群中暴发流行。所以，认识传染病、有效预防传染病是现代大学生文明进步的体现，既有益于个人又有益于社会。传染病的特点是有病原体、有传染性、有流行性、有地方性、有季节性和有免疫性等。

1. 什么是性传播疾病

性传播疾病是指通过性行为或性活动作为主要传播途径的一类传染病。世卫组织把20多种疾病归为性传播疾病。常见的有淋病、非淋菌性尿道炎、生殖器疱疹、梅毒、艾滋病、尖锐湿疣、软下疳、性病性淋巴肉芽肿等。性传播疾病的共同特点：很强的传染性、高度的隐蔽性、无免疫性、传播速度快、病程持久。

按致病源将目前世界上的性传播疾病分为细菌性疾病（梅毒、淋病、软下疳、阴道棒状杆菌或阴道嗜血杆菌性阴道炎）、病毒性疾病（艾滋病、生殖器疱疹、尖锐湿疣、乙型肝炎、传染性软疣、人巨细胞病毒、成人T细胞白血病）、真菌性疾病（生殖器念珠菌性病、股癣）、衣原体支原体性疾病（性病性淋巴肉芽肿、非淋菌性尿道炎、衣原体阴道炎）、昆虫性疾病（滴虫病、疥疮、阴虱病）。

常见的性传播疾病有：

（1）衣原体病——这是一种细菌感染，是最常见的性传染病，但如果进行早期治疗，是可以通过抗生素治愈的。75%的女性患者及25%的男性患者不会有症状表现。

（2）人乳头状瘤病毒——也被称为HPV或生殖器湿疣，是美国最常见的性传染病之一。

正如这种病的名字所标明的，这是一种病毒，一旦受到它的感染，这种病会伴随一生。湿疣可能生在外阴部、阴道内、子宫颈上、肛门里，或者甚至会出现在喉部。对生殖器湿疣的疗法包括通过冷凝疗法冷冻，用激光疗法治疗，通过外科手术切除或采用化学疗法。虽然经过了治疗，生殖器湿疣还可能在以后复发，某些这种病毒还会引起子宫颈癌。因此，对于已经患过一次HPV的女性，每年应至少做一次巴氏试验。对于易发性感染应多进行几次巴氏试验。

（3）生殖器疱疹——或称为二型疱疹，是通过皮肤接触传染的。症状开始表现为阴部、大腿或臀部瘙痒或灼痒、疼痛。继而，阴部、臀部、肛门或身体的其他部位会明显的溃疡。这些伤处会在几周内痊愈，但对于大多数人，这种病会复发。疱疹虽然无法根治，但可以通过服用抗病毒药物控制病情，这些药物可以减少该病暴发的频率，减轻病情。但在怀孕期患疱疹会引起严重的综合征。生殖器疱疹是由单纯疱疹病毒Ⅰ型、Ⅱ型所致性病之一。

（4）滴虫病——这是由寄生虫引起的感染，其症状表现为阴道有分泌物，性交时有不适感，排尿疼痛，以及阴道恶臭等。对于患者本人，尤其是男性，有可能身患滴虫病而自己一无所知。因为这种病常常没有什么症状。由于这种病是由寄生虫引起的，所以可以通过服用抗生素类药治疗。

（5）梅毒——这是由细菌感染引起的，它能侵袭人的心脏、眼睛、大脑、骨骼及神经系统。初期梅毒表现为阴部出现无痛溃疡，通常在受感染后10天到3个月后开始出现。梅毒是由苍白螺旋体即梅毒螺旋体引起的一种慢性性传播疾病，可以侵犯皮肤、黏膜及其他多种组织器官。

2. 性传播疾病的常见症状

如果有不洁性行为且出现不适应症状尽早到正规医院就诊治疗，不要有思想顾虑，实事求是地向医生提供病史，以有利于医生做出正确的诊断。一旦确认，应遵医嘱系统彻底治疗，需经多次化验正常达到临床治愈，切忌不按医生要求治疗，自觉症状消失自行停止治疗，不仅不会彻底治愈还可能导致严重的并发症，千万不要到不正规医院或江湖游医处看病，以免花了钱还延误了治疗时机，使病情更加复杂、严重。如出现下列症状，请及时就医：

男性：排尿频繁、排尿疼痛、尿道烧灼感、尿道口红肿、有脓液流出、生殖器附近出现疱疹、硬结、溃疡、疣状物等。

女性：白带增多有臭味、排尿疼痛、性交时阴道深部疼痛、生殖器附近出现疱疹、硬结、溃疡、疣状物等。

3. 性传播疾病的危害

性传播疾病多发生在性生活活跃期的人群中，是严重危害青年身心健康的主要传染病，其危害程度远远超过包括癌症在内的其他类疾病，如果不及时发现并彻底治愈，对个人、家庭、社会都将产生极大危害。

（1）危害个人：患性传播疾病后，患者要忍受极大的痛苦，严重者可导致残疾或死亡，如梅毒不但侵犯皮肤和黏膜，还可侵犯全身各个脏器，晚期梅毒可侵犯心血管和神经系统，危及生命；被淋球菌及衣原体感染的女性，可能形成盆腔炎，严重者会引起不孕症或宫外孕，还可以引起流产和死胎，男性病人患病后可能引起附睾炎导致不育；另外，性传播疾病患者的肿瘤发生率明显高于正常人。

（2）危害家庭：配偶易于受到感染，导致永远丧失生育能力；祸及后代，影响亲子关系，母亲可通过直接或间接方式，把病原体传给胎儿，可致流产、早产、死产或先天畸形；梅毒螺旋体、艾滋病毒还可通过乳汁传染给婴儿。

（3）危害社会：可导致社会道德水平下降，影响社会安定，阻碍国家经济建设发展。

4. 性传播疾病的预防

性传播疾病90%以上是性乱引起，所以预防性传播疾病最可靠最有效的预防措施是洁身自爱，做到以下几点：

（1）大学生应该树立正确人生观，遵守性道德，抵制性乱和不安全性行为。

（2）做好卫生工作：不与他人共用洗澡毛巾或其他洗澡用品，不进行盆浴，在使用公共厕所时，如使用坐式马桶，应该用一次性垫纸。

（3）需要输血时，要求使用经HIV（艾滋病）、HBV（乙肝）、HCV（丙肝）等抗体检验合格的血液及血制品，注射要使用一次性注射用品。

（4）切不可染上吸毒等不良习惯，与陌生人或疑有性传播疾病的人发生性关系或受到强暴后，排尿时有疼痛等不适的感觉，或尿道、阴道有脓性分泌物时，应尽快就诊。

（5）不到医疗器械消毒不可靠的医疗单位注射、拔牙、针灸、手术，不用未消毒的器具穿耳孔、文身、美容，不共用剃刀、牙刷等。

（6）如果你有经常的性行为，请正确使用安全套。安全套使用方法简单易行，既避孕又防病，但防病必须次次使用，不可疏忽大意，决不能存侥幸心理，因为与淋病患者有过一次性生活，感染淋病概率达到90%；与生殖器疱疹（包括无症状者）患者有过一次性接触，感染概率达40%；与尖锐湿疣患者有过一次性行为，感染概率达60%至70%。

1. 制定一个21天的日常作息时间表。
2. 每天按时完成学校阳光健康跑任务。

治身养性，务谨其细，不可以小益为不平而不修，不可以小损为无伤而不防。

【出处】东晋·葛洪《抱朴子·极言》

【释义】调养身体，修养心性，一定要认真从小事做起，不能因为细小的好处不会平定身心，就不予以足够的重视；不能因为小事对身体造成的损害小，就不认真提防。

【解读】防微杜渐，谨小慎微。无论是对待生活、学习还是工作，养成认真对待小事的好习惯，生命中将会少许多遗憾，生活将变得更加圆满。

第十章

防骗指南针

大学时期是学生真正转变为成人的重要路途，其间有美好的风景，也可能有复杂的陷阱。但是青涩并不代表无知，单纯也并不意味着愚蠢。作为 21 世纪的大学生，我们应学会提高警惕，增强防骗意识。了解高校诈骗案的主要类型及案例，牢记大学校园防骗攻略，在面对骗局时能见招拆招，让骗子们的鬼把戏"无处遁形"是每一位大学生必备的基本常识。

 课堂导读

李某报案称：今天早上 QQ 弹出来一个对话框问其有没有兴趣做兼职，是在淘宝上面购买东西，但是商家不发货，直接退款（刷单）。李某表示有兴趣后对方给他发来一个链接，让他在上面操作，要求他不要在淘宝上付款，而是发给一个二维码付款。第一次李某刷了 119 元，对方退还 126 元。后对方又发给一个新链接，李某付款 480 元。但这个钱对方没有退，对方告诉他这是个连环的任务，完成这个任务，才会退钱。后李某又支付 1 920 元、5 999 元。付款后李某支付宝被锁，李某要求退款，对方称要把任务做完才会把钱退款，后又继续发送链接，李某又支付 2 486 元、2 486 元、24 100 元等，共损失 55 625 元。

第一节 高校诈骗案的主要类型及案例

当前在大学生身上不断发生的一系列诈骗案，已引发社会各界的关注。当代大学生不是没有文化的"傻根"，也不应该是死读书、读死书的当代"孔乙己"，应是充满智慧，具有较强生存能力，能够抵御各种风险的新一代青年。因此，提高大学生的防骗意识是十分必要的。

类型一：网络诈骗

方式 1：犯罪分子通过软件窃取事主 QQ 密码，并远程启动视频探头，事先录取事主的视频资料，然后登录所窃 QQ，冒充事主有针对性地选择其 QQ 好友，要求与其视频聊天，向其播放事先录取的事主视频。骗取信任后，编造出车祸、急需周转资金等借口骗取钱财。

方式 2：提示 QQ 号码中奖，奖金数万元，请回电或邮箱联系领奖事宜。骗子就是通过这种利诱手段，引诱受骗者。如果你相信没有天上掉馅饼的好事，就会置之不理，诈骗伎俩

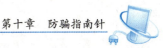

就不会得逞；如果禁不住诱惑，你就落入骗子设下的陷阱。

方式3：以游戏、校友、购物等名义建立QQ群，欺骗大学生加入群后，宣传反动言论和思想，加入这样的QQ群会给自己带来很多麻烦。

方式4：利用电子产品小额消费担保贷款政策实施诈骗。无良的经营户勾结贷款担保公司个别业务员，以100元、200元兼职费做诱饵，提供一大堆学生陌生的文书引导学生在上面签名字。他们用这些学生签有名字的文书套取银行贷款，一个月或几个月之后，签字学生开始被催讨贷款本息，否则将影响个人征信。

类型二：电话诈骗

方式1：通常在非正规经销商处购买电话卡后，会接到一些诈骗电话或垃圾短信。有的接到的电话内容类似以资助新同学学费、生活费等理由，骗取银行卡密码。还有的打电话自称是教育部或校方，以返还学费等为名，让学生提供卡号、密码。

方式2：骗子用骚扰电话等手段促使新生手机被迫关机，然后冒充学校老师或同学给家长打电话谎称孩子生病或出车祸急需汇款。家长在无法联系上子女的情况下盲目汇款导致被骗。

类型三：推销诈骗

方式1：上寝室推销是新生经常遇到的骗局。骗子所推销物品多与新生的学习生活息息相关，比如廉价文具、手机、电脑之类。此类推销的产品多为假冒伪劣产品，一旦售出很难再联系上推销者，更不会有相应的售后保障。

方式2：利用大学生求知欲望，到教室和寝室里推销讲座、培训，编制讲座和培训陷阱实施诈骗。方式有两种：一种是直接收取高额培训讲座费；另一种是免费讲座，抛出诱饵，收费服务。

类型四：传销诈骗

传销陷阱防不胜防，人们深恶痛绝，却又欲罢不能。有的有"实物"传销，有的拿"概念"传销（如"创业加盟"），有的直接用"钱"传销，共同特点都是利用"亲情、友情"实施诈骗。而针对大学生的传销诈骗只是在形式上进行了"包装"，"诱饵"尽可能适合大学生的"口味"，先用手段将人骗进去，限制自由，然后威胁、利诱，直到套出钱为止。

类型五：以勤工俭学为名诈骗

方式1：兼职模特。以"拍广告、拍影视剧"的名义让受骗学生交纳中介费、形象设计费、保证金等等各种各样的费用，当你发现被骗，追讨无望。

方式2：兼职文字录入。就是长沙某高校大二女生唐静的遭遇，"上海文艺出版社"小说稿件录入，1万字1 000元报酬，但事先得缴纳定金、快递费、个人所得税、保密押金等等没完没了，直到你发现上当受骗为止。

方式3：兼职手工制作，有手工编织、手工绘制、手工绣制等。他们有一个共同的前提，事先都需缴纳材料费、技术指导费、物品保证金等等名目繁多的各项费用。在你制作完工准备交出成品领取报酬时麻烦来了，被以"产品不合格、客户退货"等种种理由拒收，"公司"人去楼空者也常有。

方式 4：以"临时用工"赚取学生廉价劳动力。这种骗术比较拙劣，但也有人用。以"散发广告传单、站门、跑腿、出力"等为主，事先讲好的报酬被打折扣或不兑现，因为没有协议，你拿骗子也没办法。

方式 5：从中收取中介费。一种形式是收取中介费，然后胡乱安排兼职，中介费不退。另外一种形式是骗子利用"大学生自主择业"政策，以收取"中介费、保证金、培训费"等名义实施诈骗。

类型六：以爱为名诈骗

方式 1：打着交朋友谈恋爱的形式，既骗其感情，又骗其财物。甚至有一部分女大学生被诱骗拍摄裸照、从事色情服务等。

方式 2：骗子往往利用大学生的爱心与同情心，以"乞讨""被偷被抢""寻亲不遇""遭遇事故"等种种借口向学生要钱要物。

类型七：裸贷、非法校园贷等诈骗

方式 1：裸贷，又称"裸条借款"，就是贷款人拿自己的裸照和裸露身体的视频做抵押，向别人贷款。在甘肃读大学的王颖（化名）因为裸贷借款，到期之后款还不了，被要求在 2017 年 1 月 16 日前赶到甘肃省定西市进行"肉偿"抵债，否则公布其裸照。女孩最终选择了报警。审讯过程中，犯罪嫌疑人交代，已经对两名女孩实施"肉偿"。

方式 2：P2P 平台非法校园贷款。正值暑假，当众多学生在享受假期时，就读于深圳某高职院校的小陈同学却身处噩梦之中。他宿舍的门被胶水堵塞，门口被喷上"还钱"字样，还遭到恐吓……这一切都源于小陈到某 P2P 平台借了 6 000 元非法校园贷款，还贷时间每逾期一小时收 500 元，让小陈同学苦不堪言。

课堂思考

1. 分析一下，大学生受骗的原因是什么？
2. "校园贷""裸贷"等非法贷款的危害有哪些？

第二节　受骗原因及防骗攻略

大学生是一个比较单纯而善良的社会群体，对社会对他人充满着好奇与幻想。然而现今社会上却存在着某些诈骗分子，他们利用大学生的单纯来骗取其信任以谋私利。通过上一节对高校诈骗案的主要类型及案例的学习，本节针对受骗的原因及防骗的攻略与同学一起进行探究。

一、受骗的原因分析

一是思想单纯，分辨能力差。很多同学从小学、中学到大学都有"两耳不闻窗外事"的读书经历，与社会接触较少，思想单纯，对一些人或者事缺乏应有的分辨能力，更缺乏刨根问底的习惯，对于事物的分析往往停留在表象上，或根本就不去分析，使诈骗分子有可乘之机。

二是感情用事，疏于防范。帮助有困难的人，这是我国的优良传统，是值得我们继承和发扬的。但如果不假思索去"帮"一个不相识或相识不久的人，这是很危险的。然而遗憾的是，我们有不少大学生就是凭着这种幼稚、不做分析的同情、怜悯之心，一遇上那些自称走投无路急需帮助的"落难者"，往往就会被他们的花言巧语所蒙蔽，继而"慷慨解囊"，自以为做了一件好事，殊不知已落入骗子设下的圈套。

三是有求于人，粗心大意。常言道："人在屋檐下，不得不低头。"每个人免不了有求他人相助的事，能否如愿这就要看是何事、对象是谁，要了解对方的人品和身份。如果不辨青红皂白，为达目的而轻率交友，弄不好会上当受骗。有些同学在有求于人而有人愿"帮忙"时，往往是急不可待，完全放松了警惕，对于对方提出的要求，往往唯命是从，很"积极自觉"地满足对方的要求。据调查，当前大学生容易被利用的心态是：想经商助学而缺乏经商实际经验；急于成名爱慕虚荣而无意戒备；想谋到理想的工作而又缺少门路；等等。

四是贪小便宜，急功近利。当前人们功利思想比较严重，一旦单纯、缺乏社会经验的大学生爱慕虚荣，贪图便宜，更容易成为不法分子涉猎的对象。贪心是受害者最大的心理缺点。很多诈骗分子之所以屡骗屡成，很大程度上也正是利用人们的这种不良心态。受害者往往是为诈骗分子开出的"好处""利益"所深深吸引，自以为可以用最小的代价，获得最大的利益和好处，见"利"就上，趋之若鹜，对于诈骗分子的所作所为不加深思和分析，不做深入的调查研究，最后落得"鸡飞蛋打"的结局和"捡了芝麻，丢了西瓜"的可悲下场。

二、防骗攻略

俗话说："害人之心不可有，防人之心不可无。"大学生要擦亮双眼，谨防上当受骗。

攻略一：电话与家人、辅导员保持联系

手机号码不要经常更换，个人及家庭信息要保密。以自己为中心让关系最近的亲戚朋友，特别是家长、老师、同学多方保持互动沟通。将辅导员、同寝室同学或关系亲密同学的手机号码告知家长，当家长联系不上孩子时可以及时与辅导员或其同学沟通，以免上当受骗。

攻略二：不可泄露自己的信息

如果在寝室时，不要给任何陌生人开门，当然也不要相信除学校工作人员以外的任何人的任何借口。对于大一新生，开学时有各种促销和问卷调查人员进入新生宿舍的情况，请不要相信以任何形式、任何名义的促销和问卷调查，不可以泄露自己的任何信息，包括姓名、身份证号、电话、家庭信息等。

对于推销办理各种银行卡情况，一定要谨慎。一旦办了银行卡（极有可能是信用卡），你的信息很容易被他们窃取，说不定会拿你的信用卡任意挥霍，直至完全透支，到时候银行的追债目标就是你了。

攻略三：不要被人利用了同情心

遇到"乞讨""被偷被抢""寻亲不遇""遭遇事故"等情况，一定要擦亮眼睛，不要将电话、银行卡借给别人用。如果遇到自己不知怎么解决的，打学校保卫处的电话或者是自己的老师和辅导员的电话，千万不要自己决定。

攻略四：网络接收信息要谨慎

不要随便接收他人发来的文件，防止因电脑中病毒导致 QQ 号码被盗；发现 QQ 被盗后，要设法尽快取回密码，并将被盗情况及时告知 QQ 好友；如有网友提出经济上的要求，要电话或当面进行核实。不要随便加入陌生的、自己不熟悉的 QQ 群，也不要随便接受陌生人加为好友的请求。

攻略五：冷静应对传销

如果一不小心跌入传销陷阱，请注意几点：第一不要慌张；第二不要暴力对抗，可以假装顺从；第三不要被洗脑；第四坚决不掏钱；第五报警。任何时候都把亲情和友情放在神圣位置，不要让它们被物欲和利益玷污。

攻略六：保持自尊自爱

大学生属于法律定义的独立民事行为人，必须对自己的行为负责。法治社会重视和尊重个人信誉，千万别拿自己的信誉当儿戏。切勿进行"裸贷""非法校园贷"等非法贷款行为，也记住天下没有免费的午餐。

攻略七：缴费项目须看清

需事先交钱的兼职一般不要接，书面协议虽然很重要，但也不能完全信，需要兼职者个人多长个心眼。在接到公司的面试通知时，一定要对公司做深入的了解，比如该公司有没有自己的网站，具体的员工有多少。

学长学姐来教室、宿舍推荐的培训、讲座，需要谨慎，一般需要对方开正规收据。

 课堂思考

除了上述介绍的七种防骗攻略，你还有其他更好的攻略吗？

第三节　面对骗局的处理方式

2016 年 8 月 21 日，准大学生徐玉玉因大学学费 9 900 元被骗，伤心欲绝，郁结于心，最终导致心脏骤停，虽经医院全力抢救，但仍不幸离世。而徐玉玉尸骨未寒，同样的骗术竟然再次上演。2016年8月23日凌晨，来自山东省临沭县的大二学生宋振宁在遭遇电信诈骗后，心脏骤停，不幸离世。

一、面对骗局我们大学生应该怎么做？

1. 提高防范意识，学会自我保护

社会环境千变万化，大学生必须尽快适应环境，学会自我保护。要积极参加学校组织的法制和安全防范教育活动，多知道、多了解、多掌握一些防范知识对于自己有百利而无一害。在日常生活中，要做到不贪图便宜、不谋取私利；在提倡助人为乐、奉献爱心的同时，要提高警惕性，不能轻信花言巧语；不要把自己的家庭地址等情况随便告诉陌生人，以免上当受骗；不能用不正当的手段谋求择业和出国；发现可疑人员要及时报告，上当受骗后更要及时报案、大胆揭发，使犯罪分子受到应有的法律制裁。

2. 报警，迅速做出处理

一旦认识到上当受骗后，应及时到公安机关报案，让公安机关查证追踪。与此同时，可以报告给辅导员和学校保卫处。

3. 交友要谨慎，避免以感情代替理智

人的感情是主体与客体的交流，既是主观体验也是对外界的反映，本身应该包含理智的成分。如果只凭感情用事、一味"跟着感觉走"，往往容易上当受骗。交友最基本的原则有两条：一是择其善者而从之，真正的朋友应该建立在志同道合、高尚的道德情操基础之上，是真诚的感情交流而不是简单的利益关系，要学会了解、理解和谅解；二是严格做到"四戒"，即戒交低级下流之辈，戒交挥金如土之流，戒交吃喝嫖赌之徒，戒交游手好闲之人。与人交往要区别对待，保持应有的理智。对于熟人或朋友介绍的人，要学会"听其言，查其色，辨其行"而不能"一是朋友，都是朋友"。对于"初相识的朋友"，不要轻易"掏心窝子"，更不能言听计从、受其摆布利用。对于那些"来如风雨，去如微尘"的上门客，态度要热情、处置要小心，尽量不为他们提供单独行动的时间和空间，以避免给犯罪分子创造作案条件。

4. 同学之间要相互沟通、相互帮助

在大学里，无论哪个学院、哪个专业，班集体总是校园中一个最基本的组织形式。在这个集体中，大家向往着同一个学习目标，生活和学习是统一的、同步的，同学间、师生间的友谊比什么都珍贵，因此相互间应该加强沟通、互相帮助。有些同学习惯于把个人之间的交往看作是个人隐私，但必须了解，既然是交往就不存在绝对保密。有些交往关系，在自己认为适合的范围内适当透露或公开，更适合安全需要，特别是在自己觉得可能会吃亏上当时，与同学有所沟通或许就会得到一些帮助并避免受害。

5. 服从校园管理，自觉遵守校纪校规

为了加强校园管理，学校制定了一系列管理制度和规定，制度总是用来约束人们行为的，在执行过程中可能会给同学们带来一些不便；但是制度却是必不可少的，况且，绝大多数校园管理制度都是为控制闲杂人员和犯罪分子混入校园作案，以维护学生正当权益和校园秩序而制定的。因此，同学们一定要认真执行有关规定，自觉遵守校纪校规，积极支持有关部门履行管理职能，并努力发挥出自己的应有作用。

6. 换一个角度看问题，从中获得成长

我们若被骗之后，心情压抑，可以主动寻找家人、辅导员、朋友倾诉，宣泄情绪、释放心理压力。学会原谅自己，是非常重要的。大多数人都经历过上当受骗，有些人的损失可能更惨重，而随着巨款的失去，自我价值感也可能轰然倒塌。当事情发生在自己身上确实让人很难过，但这是我们人生经历和成长的过程，没有挫折，成长和成熟也是很慢的。

有失必有得，事后可以思考自己在这件事情中收获了什么。总结经验教训之后，可以避免重蹈覆辙，还可以将经验教训传授给身边的人，以防他人也受骗。这也是学习成长的机会，提醒我们看得开、放得下才拿得起。当学会换一个角度看问题时，我们会感觉收获很多，自我价值感得以重建，心理也就平衡了。

我们若情绪特别恶劣，不知道如何缓解，需及时寻找专业心理咨询师的帮助，让专业人士给予自己必要的心理疏导，从而帮助自己放下受骗的伤痛，重新树立积极心态。

课后延伸

1. 以班为单位，制作一份"关于大学生上当受骗"为主题的调查问卷。
2. 通过调查问卷，分析学校学生受骗的数据并进行分析，班里每位同学做一份调查报告。

经典诵读

谨慎能捕千秋蝉，小心驶得万年船。

【出处】俗语

【释义】仔细思考，严密行事，低调恰当提防，就连最灵敏狡猾的蝉也能长久地捕捉到；小心翼翼，不张狂，不粗枝大叶，就连驾驶古旧到一万年的船也能安全无事。

【解读】小心谨慎才不容易出错，才能长久平稳地发展下去。

第十一章

网 络 安 全

在我国，随着"宽带中国"战略推进实施，互联网全面升级提速，用户规模快速增长，移动互联网新型应用层出不穷，4G网络正式启动商用，虚拟运营商牌照陆续发放，网络化和信息化水平显著提高，极大地带动了信息消费稳步增长。而人们在网上活动越来越频繁，也会在上网的过程中遇到比如网络欺诈、网络暴力、网络成瘾等一些网络安全问题。在网络中，我们必须注意遇到危险因素，掌握网络安全的有关知识，养成良好的上网习惯，以促进身心健康发展。

 课堂导读

【案例】

2017年2月23日晚上，在青岛农业大学读大三的小刘在网上看好一款29元的手提包，和客服做过一番沟通后就购买并完成支付。可是当晚9时许，小刘突然接到陌生来电，"他声称是卖包店的客服，一直仔细询问我是否购买了小提包，还准确说出了购买时间和型号，我就信以为真了。"所谓的客服表示，小刘的支付宝账号被冻结了，所以钱并没有到店里的账户，建议小刘要么取消订单，要么解冻支付宝账号。

小刘毫不犹豫地要求先解冻，"他先是问我要了QQ号，然后发过来一个网址，看起来非常正规，上面标有账号解冻的提示，我就按要求输入了绑定银行卡的账号、密码。"小刘说，她当时只想着能把包买回来，并没有顾忌太多。

凌晨0时许，小刘突然收到短信提醒，银行卡里被取走3 800元。"那可是我今年所有的生活费，丢了可怎么办？"慌忙之下，小刘立即拨打了校园保卫处电话86080110和报警电话。2月25日，经过城阳警方和青岛农业大学保卫处的共同努力，小刘的钱又回到了自己手上。

第一节　网络安全认识

2018年4月20日至21日，全国网络安全和信息化工作会议在北京召开。中共中央总书记、国家主席、中央军委主席、中央网络安全和信息化委员会主任习近平出席会议并发表重要讲话。他强调，信息化为中华民族带来了千载难逢的机遇。我们必须敏锐抓住信息化发展的历史机遇，加强网上正面宣传，维护网络安全，推动信息领域核心技术突破，发挥信息化

对经济社会发展的引领作用，加强网信领域军民融合，主动参与网络空间国际治理进程，自主创新推进网络强国建设，为决胜全面建成小康社会、夺取新时代中国特色社会主义伟大胜利、实现中华民族伟大复兴的中国梦做出新的贡献。

一、网络安全

网络安全是网络系统的硬件、软件及其系统中的数据受到保护，不因偶然的或者恶意的原因而遭受到破坏、更改、泄露，系统连续可靠正常地运行，网络服务不中断。

网络安全包括网络系统的部件、软件、数据的安全性，它通过网络信息的存储、传输和使用过程来体现。网络安全的目的是保护网络设备、软件、数据，使其免受非授权使用或访问。

安全故事——"棱镜门"敲响全球网络安全警钟

英国作家奥威尔曾在其小说《1984》中"创造"出一个监控人们一言一行的假想国度"大洋国"。2013年6月6日，美国网络监控项目"棱镜"曝光，似乎折射出小说的现实意义。

棱镜计划（PRISM）是一项由美国国家安全局（NSA）自2007年小布什时期起开始实施的绝密电子监听计划。监控的类型有10类：信息电邮、即时消息、视频、照片、存储数据、语音聊天、文件传输、视频会议、登录时间、社交网络资料的细节，其中包括两个秘密监视项目，一是监听民众电话的通话记录，二是监视民众的网络活动。

作为当今世界最发达的互联网大国，从克林顿时代的网络基础设施保护，到布什时代的网络反恐，再到奥巴马时代的创建网络司令部，美国的国家信息安全战略已演变为"从防护到威慑"。德国《明镜周刊》刊文说，"9·11"恐怖袭击后，美国的安全结构被大幅调整，各安全机构之间建立了广泛信息流，自由与安全的关系也被改变。

"棱镜"项目曝光后，白宫频频将"反恐"作为说辞和"脱罪"借口。美国总统奥巴马2013年6月9日辩护说："你不能在拥有100%安全的情况下，同时拥有100%隐私和100%便利。"

一些西方媒体认为，"棱镜门"丑闻是奥巴马政府对欧洲乃至全球信息霸权独享和控制的体现，造成了包括美国国内和世界范围内的网络信息安全恐慌。

鉴于此，"棱镜门"事件的外溢效应持续发挥作用。欧盟已致信美司法部长，要求其就监控项目相关疑问做出"迅速"答复。德国总理默克尔也表达不满，要求奥巴马访德时继续澄清此事。

中国外交部发言人华春莹2013年6月14日在记者会上表示，中方坚决反对一切形式的黑客攻击。网络空间需要的不是战争和霸权，而是规则和合作。

——摘自新华社（北京2013年6月16日电）

二、主要的网络安全威胁

网络的主要作用是提供信息的传输，因此信息在传输过程中的安全性显得特别重要。信息的传输安全主要是指信息在动态传输过程中的安全。信息在传输过程中主要面临着下列威胁：

1. 截获（interception）

攻击者从网络上窃听他人的通信内容。例如，仿冒合法用户是一种常见网络攻击方式。在一些传统的网络应用的用户身份认证中，用户名和口令常常以明文的方式在网络上进行传输，如 Internet 中的 Telnet 协议，因此很容易就能够被攻击者在网络上截获，进而仿冒合法用户访问网络资源。

2. 中断（interruption）

攻击者有意中断他人在网络上的通信。

3. 篡改（modification）

攻击者故意篡改网络上传送的报文，使用户无法获得准确、有用的信息或落入攻击者的陷阱。

4. 伪造（fabrication）

攻击者伪造的信息在网络中传送。

三、网吧上网注意小贴士

（1）不要留下任何的记录。走的时候清除 IE 的历史记录、缓存；删除 QQ 目录下面你的号码那个目录；如有临时保存到硬盘上的文件，切记删除。

（2）不要在应用软件里面保存任何形式的密码，如 Foxmail、Outlook 和 FTP，同时，也不要在网页中随便点"记住我的密码"选项。

（3）在 QQ 登录的时候，不要顺手把"下次登录时不出现该提示框"勾上，否则每次启动 QQ，你的号码会自动登录。

（4）人多眼杂，输入密码的时候要小心。

课堂思考

你如何看待大数据背景下的网络安全问题？请举例说明。

第二节　常见网络陷阱

现在网络已经深入千家万户，成为许多人生活中必不可少的一部分，网络为我们的学习和生活提供了方便和快捷，但网络骗子也逐日增多，并且更加疯狂，各种骗术接踵而来，网络陷阱此起彼伏，让我们看一下网络陷阱到底有哪些。

一、网络聊天诈骗

随着互联网的发展和普及，利用网络聊天进行诈骗的犯罪活动日益猖獗，上网聊天本是现代社会交友联络的好方式，有人却利用网络聊天进行诈骗。大学生要增强法律意识和自我保护意识，谨防受骗。

在网上聊天时，不可轻易相信网友承诺的约见，不要把自己的银行卡、信用卡账号和密码泄露给别人；尽量不使用网吧的电脑进行网上购物、支付等操作；登录网上银行时，要注意核对网址，留意核对所登陆的网址与协议书中的法定网址是否相符。对来历不明的短信或邮件提高警惕，如接到类似电话、短信或邮件可直接联系发卡银行进行确认。常见的诈骗有以下几种形式：

（1）盗取QQ号。通过网络聊天，骗取好友信任或是利用木马程序盗取好友QQ号码，冒充原号码使用者，对其好友再进行诈骗。

（2）种植电脑病毒。通过网络聊天，给好友电脑种植病毒、木马获取好友网上银行相关信息。

（3）通过聊天直接诈骗钱财。有些骗子通过网络聊天，伪装贫困，骗取同情，从而诈取钱财。他们往往会把一些情节编造得天花乱坠，同时又悲惨绝伦，让不明真相的上当者心生怜悯，如果我们稍不留神，就会轻信骗子的花言巧语，进入了他们的圈套。

北京一男孩在网上通过QQ聊天，认识外地一女孩，该女网友向其诉说自己求学的痛苦，并约定到北京会面但苦于无路费，当男孩向父母要了2 000元按其指定账号汇出后，女网友随即消失。

某大学学生郭某在QQ上聊天时，碰见高中同学在线，二人聊了不久，对方提出借100元钱并告知一银行账号，郭某随即汇出100元。当晚，郭某接到哥哥电话，问为何在网上向他索要500元，郭某感觉事出蹊跷，立即上网查证，发现自己的QQ号码已被盗，同时发现有人利用自己的QQ号向其同学及好友进行诈骗。

二、网络短信诈骗

网络短信诈骗就是诈骗者利用网络群发短信的便利条件进行诈骗活动。网络短信诈骗活动大致有如下形式：

（1）伪装成朋友的："××，我正在外出差，手机马上欠费了，帮我买张充值卡，卡号和密码用短信发给我。"

（2）以中奖作为幌子的："我是××公证处公证员××，恭喜你在××活动中中奖了，奖品是×××，价值××万元，请你带着本人身份证和750元手续费去××处领奖。"

（3）冒充通信运营商："你好，移动通信公司现在将对您的手机进行线路检测，请您暂时关闭手机3个小时。"

（4）假装银行机构的："尊敬的××银行客户您好！因日前发生多起资料外泄取款卡遭复制盗领事件，为避免盗领，请立即与某金融相关单位联系××××××（某固定电话号码）。""×××您好！你的储蓄卡于××（多为商场或其他消费场所）刷卡消费×××元成功，此笔消费将从您账上扣除。如有疑问请拨××××××（某固定电话号码）某金融相关单位。"

三、网友网络交友诈骗

1. 警惕网上色狼

一些骗子为了达到自己的目的会长时间地在网上逗留，寻找自己的猎物。他们会充分施展自己的诈骗才能，或者侃侃而谈，或者妙趣横生，直到骗取你的家庭住址、电话号码、生活习惯、各种喜好，等等。等你消除戒心以后再更进一步地取得你的信任，到时候可能把你的邮箱密码或者是游戏密码甚至是银行账号和密码也骗到手。如果你是一个女同学，那就更加要注意，你在聊天时认识的那个风度翩翩、学识渊博的人，很可能就是一个大骗子。

2. 避免网络情感诈骗

网络情感诈骗，是指犯罪分子以通过网络与受害人谈恋爱、结婚等形式骗取财物。田某在网络聊天时认识一位自称姓杨的女孩，二人一见钟情，恋爱不久女孩就要求结婚，田某也非常愿意。女孩就以回老家办结婚证明为由，向田某要了3 000元现金，但一去不返。

3. 警惕网上劫匪

还有一些犯罪分子利用网友的外衣图色图财。一天晚上，某大学生赵晴在网上遇到网名为"眼神"的男孩。两人一"见"如故，并在电话里约定在某网吧见面。20分钟后，赵晴在那家网吧见到了"眼神"及另外2个男青年。几人在饭店晚餐后，"眼神"提出先送两位朋友回家，再送赵晴，4人同乘一辆出租车，不一会儿便出了市区。途中赵晴要求下车，遭到拒绝。3名男青年将赵晴拖进一处平房，实施轮奸。随后抢走了她的手机和1 500元现金。

四、网络广告诈骗

网络广告诈骗就是网络骗子为了自身利益发布的损害消费者利益的虚假、违法广告。网络广告诈骗主要有以下几种表现形式：

1. 诱饵广告

即发布者对实际上不能进行交易的商品做出广告，或者对商品的数量、日期有显著限制而在广告中不予明示，以此引诱受动者前来购买，并鼓动其购买广告商品之外的商品。

2. 虚假广告

即广告发布者利用虚假的事实进行广告，以骗取受动者对其产品或服务的信任，从而成为购买其商品或服务的潜在客户。网络广告由于市场准入门槛相对较低，所需成本也不高，互联网的草根性已然使得每个人发布广告成为可能，一些网站妄视法律、消费者利益，发布虚假内容广告，甚至从事法律禁止的内容宣传，给网络广告以及互联网的健康发展蒙上一层阴影。

五、避免网络购物诈骗

"网络购物"因其快捷、时尚的特点，已被越来越多的人接受，人们只需移动鼠标、打个电话，就能轻轻松松得到自己心仪的产品。但大学生在网上购物时应小心被诈骗。

网络购物的安全防范6大守则：

（1）要对所购买的物品有所了解，包括目前市场的价格。
（2）核实网络卖家留下的信息。
（3）尽量去大型、知名、有信用制度和安全保障的购物网站购买所需的物品，先货后款，收到货物后当面验货。
（4）谨慎对待卖方交付定金的要求。
（5）尽量不要使用公用的电脑进行购物、支付等操作，更不要轻易地将自己的网络账号、信用卡账号和密码泄露给陌生人。

（6）发现有网站发布不良、违法信息及涉嫌诈骗的，或已经掉进网络诈骗陷阱的，应及时到公安机关举报或报案。

六、避免网络大奖赛诈骗

同手机短信诈骗相似，有些时候你可能会发现邮箱里多了一个陌生的邮件，标题就是恭喜您中了某某促销活动的大奖，再定睛细看，可能还是不小的奖项。可能是你一直想要的新款 MP4，要么是一款你心仪已久的笔记本电脑，还有可能是八十万巨奖。要求你做的恐怕并不多，手续也不复杂，你只要往指定的账号汇一笔款子就行。贪得的诈骗者可能会要你汇几万块，小有心计的骗子可能会只要你汇个十块八块的（或者这样我们会因为钱少而吸引力大就更容易上当）。总之目的只有一个，就是骗你口袋里的钱。如果我们不注意，轻信骗子的伎俩，那么遭殃的起码就是我们的零花钱了。

七、网络贷款陷阱多

如今网络上发布无门槛办理贷款的虚假广告充斥着大学生的眼球，这为大学生资金周转方面提供了极大的"便利"，但这"便利"却暗藏陷阱。

网络贷款骗局一：无须任何抵押

"不要担保、无须抵押"，利用这些虚假广告来吸引那些急需筹钱贷款的人，将人引入骗局。此类骗局性贷款几乎不设立任何贷款条件，无抵押无担保，且利息极为"合理"。

网络贷款骗局二：贷前先交费

一般，正规的贷款机构在成功放款前是不会收取任何费用的，所以如果在网上申请贷款，对方让你先付手续费等费用的话，一般都是骗局。

网络贷款骗局三：超低息贷款

与其他贷款机构相比，银行的贷款利率可谓是最低的了。但是即使银行的贷款是最低的，小额无抵押贷款的利率也会在8%左右。所以如果在网上申请小额贷款，如果"3万至10万元的小额贷款，利率仅为1%"就是一个骗局。

网络贷款骗局四：抵押贷款不要抵押物，只要身份证

抵押贷款是要有抵押物，无抵押贷款也是需要稳定的工作以及工资流水还有良好的个人信用才能成功申请的。完全不存在只用一张身份证就可以获得贷款的这种情况。如果申请网上小额贷款的时候，对方说凭身份证即可获得贷款，就是骗局，千万不要上当。

网络贷款骗局五：无须见面传真合同

虽说网上贷款可以在网上提交申请资料，但是最后一般都会选择面签合同，所以对方说"无须见面传真合同"，就是骗局，千万别中了圈套。

课堂思考

你或你身边的朋友遇见过哪些网络陷阱？你是怎么做的？

第三节　健康文明上网

互联网技术得到迅速普及并逐步渗透到学习、生活的各个领域，互联网带给我们大量信息，也拓宽了我们交往的渠道，网络已成为学习知识、交流思想、休闲娱乐的重要平台，而个别网站存在着传播不健康信息、刊载格调低下的图片、提供不文明声讯服务，甚至传播暴力文化及严重危害社会的内容，使很多大学生人生观、价值观、道德观受到侵蚀，身心受到摧残，行为失范。随着互联网时代的到来，越来越多的大学生成为"网民"，网络在给我们生活带来方便的同时，不良资讯、长时间上网也危害着我们的身心健康，我们应该积极清除不健康信息，营造健康文明的网络文化环境。

一、严防上网"四害"

未来的世界是网络世界，大学生是祖国的未来、民族的希望，也是我们党的未来和希望。掌握相关的网络知识十分必要。然而，网络又是个繁杂的"社会"，为此，大学生上网要防止网上不良倾向的侵害。

（一）防止网络成瘾

网络成瘾就是在网上持续操作的时间过长，随着乐趣的不断增强而难以自控，有关网络上的情景反复出现脑际，漠视了现实生活的存在。

国内现有许多大学生的确存在网络成瘾或沉迷现象，被判定为成瘾的学生，每周平均上网时数在20个小时以上，比未上瘾者多很多时间上网，而且每周上网时间越长，网络沉迷的倾向越高。这些沉迷于网络的学生经常无法有效控制管理上网时间与金钱，甚至因为上网时间太长而赔上健康。就是说，上网时间越来越长，就会情不自禁想再上网，一旦不上网便十分痛苦，而每周上网时间越多，所出现的人际关系问题也会更加严重。

温馨提示：
1. 控制自己的上网行为，慢慢减少上网时间，远离网络世界。
2. 多参加户外体育锻炼活动，转移兴趣力。

（二）警惕"黄色"、暴力污染

如今，网上色情、淫秽、暴力游戏，首当其冲受危害的是青少年。社会、媒体不断出现的青少年性暴力、性侵犯、暴力事件案件，相当一部分起因在于浏览色情网站、玩网络暴力游戏的影响。世界观、价值观、是非观尚未成型的大学生，心智尚有欠缺，生理在处于特殊阶段，容易从网络色情淫秽和暴力游戏情节中，接受不健康，甚至变态、暴力的行为，心灵受到毒害。更有甚者见样学样，控制不住自己的行为而把网络色情淫秽和暴力行为搬到现实社会、付诸行动，青春的年华因此而黯然失色，甚至影响一生的发展。

温馨提示：
1. 拒绝性犯罪心理形成。
2. 拒绝暴力犯罪心理形成。

（三）当心错交网友

交错网友，往往会给大学生带来很大的危害，如被骗线、骗色，甚至会因此而失去宝贵的生命。

冯某在互联网聊天认识了女子许某，俩人甚是投机。交往中，许某把冯某当作知心朋友，而冯某得知许某是一大学的学生，由此认为许某社会经验尚浅，可以从中搞一笔钱财，存有歹心。某日，冯某来到许某就读大学的城市，并用花言巧语把许某约到了自己入住的酒店。而年纪尚轻的许某没想到等待她的竟是死亡，在酒店客房里，就在许某谈得高兴时，冯某迫不及待，露出狰狞面目，趁许某不注意，用手臂紧紧箍住许的颈部，叫嚣着说要许某的家人拿钱来赎人，许某惊恐不已，极力反抗，冯某越箍越紧，最后至许某窒息而死。

温馨提示： 不要向网友说出自己的真实姓名和地址、电话、学校名称、密码等个人信息；不与网友见面。

（四）网络赌博避而远之

网络赌博是利用网站或微信进行下注或者参赌的行为，有"赌球""21点""押大小"等多种形式。

五分钟一局、不知钱输给了谁、24小时不停歇下注、一夜间上万元输赢……这是微信赌博群的真实写照。广东某高校学生小刘参与了一个微信群里面的猜数字赌博游戏，猜对赢，猜错赔。一开始拿着自己的生活费参与这个游戏，慢慢又借了同学的2 000元，但一下就输光了，而这件事又不敢告诉家人，于是就继续赌下去，而这一次的继续，就让小刘越陷越深，越赌输得越多，越输就借得越多，最后欠赌博款60万元。

温馨提示： 警惕网络赌博危害，自觉远离赌博！！

二、文明上网"四原则"

（一）端正思想

树立正确的荣辱观，抵制腐朽思想的侵害，接受科学进步的思想。以传播弘扬热爱祖国、服务人民、崇尚科学、辛勤劳动、团结互助、诚实守信、遵纪守法、艰苦奋斗的内容为荣，努力营造健康向上的网上舆论氛围。

（二）营造文明

争做《全国青少年网络文明公约》的实践者，营造文明、安全的网络环境。要自觉远离网吧，不利用网络煽动闹事、拨弄是非、造谣生事；不在网络上冒名顶替、诬蔑欺骗；不散布虚假言论，不轻信网上流言。

（三）清扫"垃圾"

共同维护文明网络环境，共同清扫网络垃圾。不制造和传播网络病毒，维护网络安全，不在网上宣传色情、迷信、暴力的内容，不在网上谩骂、攻击他人，注意文明用语，自觉抵制不文明行为。

（四）正义上进

文明上网，上安全网，做有正义感、责任感、上进心的网民。要增强自护意识，不随便约见网友；牢记学生身份，只撷取有益的信息和资料，自觉遵守网络公德，争当新时代的好青年。我们要从现在做起，从自我做起，自尊、自律、自强，上文明网，文明上网，让网络伴随我们健康成长。

全国青少年网络文明公约
要善于网上学习，不浏览不良信息。
要诚实友好交流，不侮辱欺诈他人。
要增强自护意识，不随意约会网友。
要维护网络安全，不破坏网络秩序。
要有益身心健康，不沉溺虚拟时空。

根据《全国青少年网络文明公约》的内容，班级根据自身情况，自订"健康文明上网倡议"，并粘贴在宿舍内，大家共同维护，共同遵守。

泾溪石险人兢慎，终岁不闻倾覆人。却是平流无石处，时时闻说有沉沦。

【出处】唐·杜荀鹤《泾溪》

【释义】人来到泾溪，看到这里水急溪险，不由得望而却步，但因为水路难行，身人们都百倍警惕，故而年复一年几乎没有人在这里翻船，于是想到那"平流无石处"，却因为人们麻痹大意，常常出现"倾覆"的事故。

【解读】本诗蕴含着居安思危、思则有备、有备无患的哲理，正如人们平时常说的一句话："越是危险的地方越安全，越是安全的地方越危险。"诗人借此告诫人们：在一帆风顺时，更要小心在意，切不可自满疏忽。

第十二章

人身财产安全

生命是"天",安全是"地",唯有立足"安全"这块地,方能顶起"生命"的蓝天。大学生的安全不仅涉及千家万户的幸福,更关系中华民族的兴旺发达。由于生活经验不足,缺乏必要的预防和应对外来侵害、灾害事故等方面的基本常识,再加上外界不安全因素的侵扰,大学生中引发的安全问题呈大幅增多之势,给个人、家庭和社会带来巨大的伤害和无法挽回的损失。为加强大学生安全防范意识和自我保护能力,维护学校的正常教学和生活秩序,使在校的大学生都能从中吸取教训,警钟长鸣,安全顺利地度过美好的大学时光,有必要对大学生进行人身财产安全相关知识的教育。

课堂导读

【案例】

2016年11月的一个清晨,湖北省十堰市公安局郧阳区分局接到一名群众报警,称其发现一年轻女子翻过桥边护栏跳进汉江。接警后公安民警、消防官兵、急救人员等迅速赶到现场,通过划艇将落水女子捞起,但其已经死亡。

警方调查得知,该女子系18岁的小丽,就读于十堰市某中级职业学校。她的一名同学在某小额贷款担保公司兼职,于是她向这名同学所在公司借贷1万余元。出于投机心理,她通过手机从网上购买六合彩,迅速亏损了1.7万元,无力偿还。此事被母亲发现后,因压力过大产生了轻生想法。跳江前,小丽曾喝灭蚊药等危险物质自杀未遂;最终,她选择投江自尽。而轻生后的第三天,是她18岁的生日。

第一节 校园防盗安全

据统计,高校发生的各类案件中盗窃案约占90%以上。由于学生自我防范意识不强,给不法分子以可乘之机。但也有少数大学生对自己要求不严,守法意识淡薄,人生观和价值观发生扭曲,不顾家庭和自己的经济承受能力,追求享乐,盲目攀比,没有钱就去偷,见到好东西就拿,违法乱纪,有的甚至逐步走上犯罪道路。本节给大家介绍防盗安全的基本知识,帮助大家妥善保护好自己的财物。

一、盗窃案件中常见行窃方式

行窃方式,是指盗窃案件中,作案人窃得他人财物的方法,包括作案人入室、窃得财物、逃离现场所选择的方法。

（1）顺手牵羊。盗窃分子乘主人不备，将放在桌上、床上的钱、手表及文具等或者将晾晒在阳台、走廊中的衣服偷走。这种盗窃的手段，不用撬门，不用撬窗，非常方便，所以叫"顺手牵羊"。

（2）溜门蹭户。作案人的作案地点不确定，以找人、推销为名，发现房门未锁，宿舍无人，便趁机入室行窃。作案人明白，宿舍门未锁，主人必定离开不远，随时可能回来，故作案时间很短，作案人之所以选择这种行窃方式，是因为无论同学们防范意识有多强，总会有个别同学一时疏忽，给作案人以可乘之机。

（3）翻窗入室。作案人翻越未装防盗网的宿舍窗户入室行窃，窃得财物后，常常堂而皇之地从大门离去。

（4）窗外钓鱼。盗窃分子乘室内无人或室内人员睡觉之机，用竹竿、木棍等工具在窗户外边，将室内的衣服等物品钩走。

（5）先拿钥匙，再盗物品。寝室钥匙不随身携带，而放在寝室门外某处，盗窃分子拿到钥匙后，则入室行窃。

（6）撬锁入室。盗窃分子乘室内无人之际，撬坏门锁，入室盗窃。

二、校园防盗方法

盗窃，在高校时有发生，给同学们的日常生活带来不便，对同学们的财产造成威胁。下面为你介绍一些防盗知识，分享一些同学的经验与教训。

（一）宿舍防盗

（1）宿舍内不要存放大量现金。若有大量现金应及时存入银行并加密；要妥善保管好存折、银行卡，要记住密码（密码不得告诉任何人，也不能让其他人很容易就猜到）。

（2）妥善保管好贵重物品，防止失窃。特别是笔记本，在寝室内配有笔记本锁，使作案人员行窃时带来不便。

（3）要养成随手关好窗、锁住门的良好习惯，特别是最后离开房间的人，离开宿舍时，哪怕是很短的时间，都必须锁好门，关好窗。

（4）要妥善保管好宿舍钥匙，不得随意放在窗台，也不得随意借给同学、朋友。一旦发生钥匙丢失，或者锁头有被破坏的现象，要及时更换锁头。

（5）要经常检查宿舍的门窗，一旦发现有损坏现象，要及时报告，请求及时维修。

（6）不要留宿外来人员。大学生应该文明礼貌、热情好客，但不能讲义气、讲感情而不讲原则、不讲纪律。如果违反学校学生宿舍管理规定，随便留宿不知底细的人，就等于引狼入室，将会后悔莫及。

（7）发现形迹可疑的人应加强警惕。作案人在宿舍行窃时，往往要找各种借口，如找什么人或推销什么商品等，见管理松懈、进出自由、房门大开，便来回走动、四处张望、伺机行事，摸清情况、瞅准机会后就撬门扭锁大肆盗窃。遇到这种可疑人员，同学们应主动上前询问，如果来人说不出正当理由又说不清学校的基本情况，疑点较多，神色慌张，则应及时报告学校保卫部门或宿管员。

(二) 教室 (图书馆) 防盗

人离开教室、图书馆等公共场所时把贵重物品随身带走，或交可靠的同学照管，以免被犯罪分子乘机窃走。

尽量不要在书包内存放大量现金和与学习无关的贵重物品，以减少别人的注意力。

不要用书包占座，尽量用无用物品占座。教室较空却有陌生人主动在身边就座时，应将书包放至身体内侧视线范围内，以免被人顺手牵羊。

(三) 公共场合防盗

同学外出采购、游玩尽量不要携带大量现金和贵重物品。如带的钱款较多，最好分散放置在内衣袋里，外衣只放少量现金以便购买车票或零星物品时使用。

外出时，不要把钱夹放在身后的裤袋里。乘公共汽车时不要把钱或贵重物品置于包的底部或边缘，以免被割窃走。在拥挤时，包应放在身前。

无论是吃饭购物或拍照时，包不能离身，至少不能脱离自己视线，以免因疏忽被人拎走。

用餐时，不要将自己的衣服连同衣服内的现金披挂在靠背椅上；中途要上厕所或办其他事宜，要随身携带好自己的皮包，不要留置在餐桌现场。

三、财物被盗后的应对办法

(1) 一旦发现财物被盗，一定要保持头脑冷静。迅速回忆一下刚才是否已经见到了嫌疑人。如果有，马上追赶；如果时间允许的话，最好叫上同学，以便寻找和围堵嫌疑人。

(2) 保护好盗窃现场，安排人专门负责，不准任何人进入。万一进入现场后才发现被盗，应马上撤离现场，切忌翻动现场物品，查看损失情况。现场保护对公安人员现场勘察及以后的侦破工作具有十分重要的意义。

(3) 发现存折、银行卡或校园卡被盗，应立即挂失。

(4) 配合公安、保卫部门的侦察和调查访问工作。发现线索，应积极主动地向学校保卫部门或老师汇报，必要时，可以请求有关部门予以保密。

课堂思考

【案例1】 某高校学生刘某，违反宿舍管理规定，擅自将毕业班学生王某留在宿舍过夜。王某早上起来，发现该宿舍的学生都去上课了，偷走寝室同学现金2 600元后迅速离去。

从此案中，可以发现两个安全隐患：一是宿舍里存放大量现金；二是在宿舍里留宿外人。该案说明，许多盗窃案件的发生，都是因为有些学生自己不严格遵守校规校纪，给他人以可乘之机造成的。

【案例2】 某学院学生仓某，趁同学都在上课，悄悄回到宿舍，将同学孙某的笔记本电脑偷走并转移至他处。案发后，他说，有同学经常将贵重物品随意放在宿舍里，一点防范措施也没有，所以在宿舍作案很容易得手。而当天孙某恰恰是习惯性地将笔记本电脑随意放在床上，终于被偷。

这两个案例告诉我们什么？

第二节　校园防火安全

火灾是当今世界上多发性灾害中发生频率较高的一种灾害。近几年来，我国每年发生火灾约 4 万起，导致死亡 2 000 多人，伤 3 000～4 000 人；每年火灾造成的直接财产损失十几亿元，尤其是造成几十人、几百人死亡的特大恶性火灾时有发生，给国家和人民群众的生命财产造成了巨大的损失。而校园火灾是危害师生生命的重要因素之一，一旦发生对师生的生命和财产造成的伤害是巨大的。本节就给大家介绍校园火灾的预防措施，帮助大家从根本上杜绝校园火灾的发生。

一、校园火灾常见隐患

你留意过防火工作吗？只要有烟头、大功率电器、灯光的热量、易燃易爆物品、超负荷线路等，你的周围就有火种，火灾危险就时刻存在。

（一）电器设备不合格，梦中醒来祸已生

×××年 2 月 14 日 7 时，某校发生火灾，A 同学和室友被烧伤，两间宿舍和宿舍内的大部分财物被烧毁。火灾后公安消防机关派人赶到现场，进行火灾调查。现场勘查发现，西屋烧损严重，西屋除伤者床上的电热毯外，无其他电器和火源。经询问证实，A 同学开通电热毯后就睡着了，发现身下起火想离开时已来不及了。电热毯是 A 同学一年前从小商品批发市场上购买的，前几天就有烧煳的气味，但是他没当回事，没想到竟会烧得这样惨。经推断，火灾原因为电热毯着火。后查明，该电热毯是"三无"产品，价钱不贵，结构简单，没有保护装置，若电容器被击穿、继电器失灵、变压器温度升高、晶闸管的触发电路发生紊乱时，都有引发火灾的可能。

（二）电器运转超负荷，线路老化惹灾祸

×××年 7 月临近毕业时，某著名大学的女生宿舍突发火灾。除烧毁一些生活用品外，几位女生的各种证书也随大火付之一炬，令人扼腕。后经消防部门验证，起火原因是房间内电源私拉乱接现象比较严重，致使线路长期超负荷运转。失火的直接原因竟是一个手机充电器电路老化起火引燃旁边可燃物品后蔓延所致。

（三）吞云吐雾为提神，小小烟头大纰漏

某学院大二学生王某，考试前拼命用功，困了就抽烟提神。当王同学累得趴在桌上休息时，手里的烟头还在继续燃烧，先是引燃了书本，再殃及被褥，最终酿成火灾，造成自己和同宿舍另外两位同学的被褥以及一台笔记本电脑被烧毁。

（四）黄梅季节人烦恼，取暖器烘衣酿火灾

每年的 6 月底至 7 月初是南方的梅雨季节，天气异常潮湿。南京某大学的一名教师在做实验时，由于临时有事，忘了关断正在烘烤衣物的取暖器电源，就离开了实验室，致使火源引燃旁边的可燃物，造成该校的生物实验室起火，结果烧毁了许多珍贵的植物标本，损失相当惨重。

（五）违章使用热得快，花季女生成冤魂

×××年 11 月 14 日 6 点 10 分，上海某高校徐汇校区 602 宿舍里冒出了浓烟，浓浓

的烟雾中，只见有4个女孩穿着睡衣躲在阳台上高声尖叫，后来火势慢慢扩大，很远都能听到窗户玻璃"砰砰"烧炸的声音，不一会儿工夫，阳台上已经能看见明火，看上去火苗只比女孩的头部略微高一点。此时，相邻的601室阳台上的女生，试图拿一根不锈钢的长杆将4名女生从起火宿舍救出，可还是失败了。随着火势蔓延，4名女生已吓得渐渐乱了方寸，她们的身体开始向外探出，并且用手使劲扒住阳台的外面一边，在火快要烧到阳台门窗时，一女孩身上的睡衣着了火，惊慌失措下她先跳了下来，其他几人看到同学跳楼求生，顾不得楼下同学"不要跳！不要跳！"的提醒，一个接着一个往下跳。

经警方初步调查，失火原因业已查明：因前一天晚上寝室中有人用热得快直发器夹头发，11时之后寝室断电，但她忘记拔插头，早晨6时通电后，放置在床头的热得快不断升温，最终引燃被褥。起火后，2名女生拿着脸盆到对面厕所端水灭火，可当她们端着脸盆回到寝室门口时，发现火已经大起来了，她们俩已进不去（开门取水客观上促进了空气对流，起到助燃作用）。该宿舍过火面积20平方米左右。因房内烟火过大，4名学生分别从阳台跳下逃生。经现场120急救人员鉴别，4人均当场死亡。

二、校园火灾预防

学校是人员密集型场所，是学生的聚集地点，造成校园起火的原因相当复杂，有人为的原因，也有自然的作用，任何环节的疏忽，都有可能造成火灾，并且极易发生群死群伤的恶性火灾事故，火灾虽不可避免却是可以预防的。

（1）学生和进入教学区、宿舍区的人员应自觉遵守有关管理规定。

（2）不在教学区和生活区随意焚烧树叶、垃圾等可燃易燃物品。

（3）电热器具及火源应远离易燃易爆物品。电烙铁不能直接放在桌凳上。严格按照规定使用、管理、销毁易燃易爆的实验用化学危险品。

（4）在宿舍生活区内，不得乱拉临时线，不得乱设临时插座；不得使用电炉、电热水器等电热器具；不得卧床吸烟；不得在熄灯后使用蜡烛、打火机照明；宿舍内不得存放、使用酒精、汽油等易燃易爆危险品；不得在宿舍内做饭，自觉维护走道内的消防设施。

（5）学习掌握基本的火场逃生知识和技能，学会正确使用各种消防器材，学会正确拨打火警电话，正确报知火警情况。

（6）养成人走电断的好习惯。人离开时，电热水瓶插头一定要拔掉，且必须切断所有电热器具的电源。

三、遇到火灾怎么办

遇到火灾后，一定要镇定，别自乱阵脚，然后再按下面的做：

（1）如果有避难层或疏散楼梯，可先进入避难层或由疏散楼梯撤到安全地点。

（2）如果楼层已着火燃烧，但楼梯尚未烧断，火势并不十分猛烈时，可披上用水浸湿的衣被，从楼上快速冲下。

（3）多层建筑火灾，如楼梯已经烧断，或者火势已相当猛烈时，可利用房屋的阳台、落水管或竹竿等逃生。

（4）如各种逃生的路线被切断，应退居室内，关闭门窗。有条件时可向门窗上浇水，以延缓火势的蔓延过程。同时，可向室外扔出小东西，在夜晚则可向外打手电，发出求救信号。

（5）如生命受到严重威胁，又无其他自救办法时，可用绳子或床单撕成条状连接起来，一端紧拴在牢固的门窗格或其它重物上，再顺着绳子或布条滑下。

（6）如无条件采取上述自救办法，而时间又十分紧迫，烟火威胁严重，被迫跳楼时，可先向地面抛下一些棉被等物，以增加缓冲，然后手扶窗台往下滑，以缩小跳楼高度，并保证双脚首先落地。

（7）要发扬互助精神，帮助老人、小孩、病人优先疏散。对行动不便者可用被子、毛毯等包扎好，用绳子布条等吊下。

课堂思考

你了解灭火器的正确用法吗？

第三节　人身意外安全

所谓人身安全是指个人的生命、健康、行动等没有危险，不受到威胁。它是人们赖以生存与活动的首要条件。正是从这个意义上讲，我们说人身安全是安全之本。人身安全历来受到高度的重视，常言所说的"安全第一"就是这个意思。

一、防暴力事件发生

（一）积极防范，避免发生恶意滋扰

（1）交友须知。不要在网吧、街头等公共场所结识不良之徒，更不要把自己的联系方式或家庭住址、学校名称及宿舍告知对方。

（2）慎独善行，宽容大度。不要让一些小事成为与他人滋事的起因。某学院大一男生吴某，有一次在学校附近网吧上网时，遇到两个社会青年，双方因争位子出言不逊，导致动武。最终吴某被迫支付医药费、误工费、营养费等近4 000元。

（3）防范敲诈勒索。校园敲诈的主要形式有两种：一是预谋性的敲诈勒索，包括利用被害人的某些过错或隐私进行敲诈勒索、制造假象进行敲诈勒索等；二是突发性的敲诈勒索，例如有人在路上假装被你撞了一下，要你赔付医药费。

（二）遇到寻衅滋事时的应对策略

（1）学会保护自己，尽量不与其正面冲突。如果对方扣押了你的东西，不要独自去找他要，肯定有陷阱在等着你。他们扣押的东西显然不如你的身体重要。

（2）外出时结伴而行，遇到危机，团结一致，互相帮助。施暴者靠的就是人多势众，恃强凌弱，如果这两点优势都没有了，他们的气焰就不会那么嚣张。

（3）一定要记住：人身安全第一。如果势单力薄，不可与对方起任何冲突，以免受到伤害。

（4）不要以暴制暴。不要把暴力当作是解决问题的唯一途径，如果你也这样做，那你跟施暴者就没有什么区别了。对于对方威胁性的语言应提高警惕，一旦发现校园内外有陌生人非正常集结，应立即向"校园110"报告。

（5）如果看见自己的同学正在斗殴，不能冲上去帮忙，理智的做法是：尽快通知老师、学校保卫部门或警察。

二、防性骚扰危险

（一）性骚扰或性侵害的预防

（1）筑起思想防线，提高识别能力。女大学生特别应当消除贪图小便宜的心理，对一般异性的馈赠和邀请应婉言拒绝，以免因小失大；谨慎待人接物，对于不相识的异性，不要随便说出自己的真实情况；对于那些对自己特别热情的异性，不管是否相识都要多加注意；一旦发现对方不怀好意，甚至动手动脚或有越轨行为，一定要严厉拒绝、大胆反抗，并及时向学校保卫部门报告，以便及时加以制止。

（2）行为端正，态度明朗。如果自己行为端正，坏人便无机可乘。如果自己态度明朗，对方则会打消念头，不再有任何企图。若自己态度暧昧，模棱两可，对方就会增加幻想、继续纠缠。在拒绝对方的要求时，要讲明道理、耐心说服，不宜嘲笑挖苦。中止恋爱关系后，若对方仍然是同学、同事，不能结怨成仇人，在减少不必要往来的同时仍可保持一般正常往来关系。参加社交活动与男性单独交往时，要有节制地把握好自己，尤其应注意不能过量饮酒。

（3）学会用法律保护自己。对于那些失去理智、纠缠不清的无赖或违法犯罪分子，女性千万不要惧怕他们的要挟和讹诈，也不要怕他们打击报复。要大胆揭发其阴谋或罪行，及时向老师报告，学会依靠组织和运用法律武器保护自己。千万注意不能"私了"，"私了"的结果常会使犯罪分子得寸进尺、没完没了。

（4）学点防身术，提高自我防范的有效性。一般女性的体力均弱于男性，防身时要把握时机，出奇制胜，"狠、准、快"地出击其要害部位，即使不能制服对方，也可制造逃离险境的机会。人的身体各部位都可以用来进行自卫反击。头的前部和后部可用来顶撞，用膝盖对犯罪嫌疑人的脸和腹股沟猛击相当有效，用脚飞快踢对方胫骨、膝盖和阴部也非常有效。同时，要注意设法在犯罪嫌疑人身上留下印记或痕迹，以备追查、辨认犯罪嫌疑人时做证据。

（二）性骚扰或性侵害的应对措施

（1）被害前预防——女性生命的"安全岛"。从多起案件来看，很多女性往往心存侥幸，人身安全防范意识不强，本该有效的防范被她们忽视了，导致了遗憾终生的悲剧。女性无论在社交场合还是在生活和工作中，都要注重仪表的稳重、端庄、大方。着装要适合自身的职业特点，不要穿太暴露的衣服。很多事例说明，性感的外表和举动在客观上是造成居心不良之徒产生冲动的一个触发因素。

（2）被害中智防——女性生命的保障。如果女性遭遇不法侵害，无论是遭遇公开还是隐秘的骚扰时，都要勇敢地站出来说"不"。要有勇有谋，以谋为主，勇敢地与犯罪行为做斗争，这样能减轻被侵害程度，也可能完全避免被侵害。

（3）被侵害后维权——惩罚犯罪分子。被侵害后维权是指当女性遭遇歹徒侵害后所采取的积极措施。要积极配合公安机关及时抓获犯罪嫌疑人，以防自己和他人再度被侵害。被害后维权主要是两个方面：一是快速报案；二是被害后保护现场。作为女性要有这方面的法律意识，一旦自己遭劫持，解脱侵害后报警的同时，要保护好现场，尽可能地向公安机关提供有价值的证据，协助破案，争取早日抓获歹徒。

三、防范交通意外事故

交通事故的发生，大多是因为交通违章造成的，有的是车辆违规，有的是行人违规，也有的是骑自行车违规等。

（一）校园内发生交通事故的主要原因：思想上麻痹和安全意识淡薄；有的同学注意力不集中，边走路边看书、边听音乐，或边走路边发短信心不在焉；有的同学在路上蹦蹦跳跳，嬉戏打闹，甚至在路面进行球类活动；有的同学骑着自行车在校内道路上"飞速"飙车，埋下安全祸根。

（二）在校园外，大学生在离校、返校、外出旅游、社会实践、寻找工作等外出活动中交通事故也时有发生。

1. 常见行人交通违规

我们在生活中，每天都要走路，每天都要过马路，但我们是否真的会过马路呢？下面看一看行人过马路违反交通规则的常见情况：不遵守信号灯的信号乱穿马路；不走天桥或地下通道，翻越隔离栏杆；随意招呼出租车，不注意观察过往车辆；过马路时吃东西、打手机、追逐嬉闹；过马路时不走人行横道线。

2. 骑车交通违规

随着共享单车的普及，很多同学上街出行选择自行车，如果我们不能有效避免下列行为，交通事故的危险就会威胁我们：在快车道骑车，速度过快，抢道争先，追逐竞驰；骑车带人；逆向行驶；双手脱把及不遵守信号、乱骑乱闯等。这些都是造成事故的高频起因。

3. 公共交通安全

选择乘坐公共交通出行时，避免乘摩托车或无牌照、非正式运营的公共交通工具，不携带易燃、易爆物等危险物品乘坐，看管好自己随身携带的钱财和贵重物品，不和陌生人讲话，自觉遵守公共交通的有关规定。

四、体育运动安全

（1）应穿着合适、舒服的运动用的衣服鞋袜，并采用合适的运动装备，例如滑旱冰时要佩戴头盔、护膝。

（2）选择安全的场合。不要在车道、斜坡、有油渍或积水的地面等地方玩耍或运动，以安全为要。

（3）避免在高温及湿度高的情况下做剧烈运动，留意天气和运动的环境，以防运动中的"猝死"发生。

（4）在开展一项运动前，我们应当先进行必要的热身，大约为10分钟，以帮助我们的身体机能达到适合运动的状态，使心跳加速，体温微升，增强肌肉的血液循环和供应；使身体提高警觉性，反应速度加快；使关节更加灵活，减少受伤的机会。

（5）运动要循序渐进，量力而为，亦要持之以恒，切勿期望在数次运动后即有显著效果。

（6）清早起来先饮用一杯温开水，并且不要在饱餐后立即做运动。

（7）运动过程中要避免一些可能会引致自己或他人身体受伤的危险动作，做到文明运动、健康运动。

（8）随身不要携带任何硬物，口袋里不要装金属、别针、刀子、铁钉、钥匙串、发卡、剪刀等危险物品。

（9）运动时感到不适，如极度气喘、面青、头晕、作呕、胸闷等，应立即停下来休息，切不可强撑。

（10）运动后不要立即停下来休息，应当逐渐地减少运动量，同时切记不要在剧烈运动后大量喝凉水。

五、防溺水事件

炎炎夏日，暑假到来，游泳安全就成为安全教育的热点话题。凉爽的海滨、河流和小溪给人带来欢乐享受之余，也潜藏着安全危机，游泳前多一分准备和清醒，就可以避免可能的后悔与遗憾。

（1）不要独自一人外出游泳，更不要到不摸底、不知水情或比较危险且易发生溺水伤亡事故的地方去游泳，游泳需到有救生员的正规游泳池中游泳。

（2）要清楚自己的身体健康状况，平时四肢就容易抽筋者不宜参加游泳或不要到深水区游泳。

（3）对自己的水性要有自知之明，下水后不能逞能，不要贸然跳水和潜泳，更不能在水中互相打闹，以免喝水和溺水。

（4）在游泳中如果突然觉得身体不舒服，如眩晕、恶心、心慌、气短等，要立即上岸休息或呼救。

（5）在游泳中，若小腿或脚部抽筋，千万不要惊慌，可用力蹬腿或做跳跃动作，或用力按摩、拉扯抽筋部位，同时呼叫同伴救助。

（6）在游泳中遇到溺水事故时，现场急救刻不容缓，心肺复苏最为重要。

温馨提示：

预防溺水"六不"

不私自下水游泳；

不擅自与他人结伴游泳；

不在无家长或教师带领的情况下游泳；

不到无安全设施、无救援人员的水域游泳；

不到不熟悉的水域游泳；

不熟悉水性的同学不要擅自下水施救。

结合自己的实际情况，给自己制作一个安全小卡片，并时常提醒自己，自觉遵守。

经典诵读

先其未然谓之防，发而止之谓之救，行而责之谓之戒。防为上，救次之，戒为下。

【出处】东汉·荀悦《申鉴·杂言》

【释义】在不好的事情发生之前阻止是上策；不好的事情刚发生时阻止次之；不好的事情发生后再惩戒为下策。

【解读】这段文字从理论上阐述了事后控制不如事中控制，事中控制不如事前控制。"防为上"。凡事预则立，不预则废。防，就是要积极把握推动事物发展的主动权。防的关键是关注细节，防微杜渐，把工作做在前面，治未病之疾，消未起之患。"救次之"。当矛盾纠纷刚出现的时候，要及时采取措施补救，做到"发而止之"。"戒为下"。"戒"是矛盾纠纷发生后加强惩戒，吸取教训，是不得已而为之，但亡羊补牢犹未为迟。"行而责之"虽说是下策，但也有防范之意。

四、心理素养篇

第十三章

遇见更好的自己

人最大的困难是认识自己，最容易的也是认识自己。很多时候，我们认不清自己，只因为我们把自己放在了一个错误的位置，给了自己一个错觉。所以，不怕前路坎坷，只怕从一开始就走错了方向。了解自己的性格，明晰能够改变的部分和不能改变的部分，接受无法改变的、改变可以改变的，才能遇见更好的自己。

 课堂导读

伤痕实验

美国科研人员进行过一项有趣的心理学实验，名曰"伤痕实验"。

他们向参与其中的志愿者宣称，该实验旨在观察人们对身体有缺陷的陌生人做何反应，尤其是面部有伤痕的人。

每位志愿者都被安排在没有镜子的小房间里，由好莱坞的专业化妆师在其左脸做出一道血肉模糊、触目惊心的伤痕。志愿者被允许用一面小镜子照照化妆的效果后，镜子就被拿走了。

关键的是最后一步，化妆师表示需要在伤痕表面再涂一层粉末，以防止它被不小心擦掉。实际上，化妆师用纸巾偷偷抹掉了化妆的痕迹。

对此毫不知情的志愿者，被派往各医院的候诊室，他们的任务就是观察人们对其面部伤痕的反应。

规定的时间到了，返回的志愿者竟无一例外地叙述了相同的感受——人们对他们比以往粗鲁无理、不友好，而且总是盯着他们的脸看！可实际上，他们的脸上与往常并无二致，没有什么不同。他们之所以得出那样的结论，看来是错误的自我认知影响了他们的判断。

这真是一个发人深省的实验。

原来，一个人内心怎样看待自己，在外界就能感受到怎样的眼光。同时，这个实验也从一个侧面验证了一句西方格言："别人是以你看待自己的方式看待你。"不是吗？

一个从容的人，感受到的多是平和的眼光；

一个自卑的人，感受到的多是歧视的眼光；

一个和善的人，感受到的多是友好的眼光；

一个叛逆的人，感受到的多是挑剔的眼光……

可以说，有什么样的内心世界，就有什么样的外界眼光。如此看来，一个人若是长期抱怨自己的处境冷漠、不公平、缺少阳光，那就说明，真正出问题的，正是他自己的内心世界，是他对自我的认知出了偏差。这个时候，需要改变的，正是自己的内心；而内心的世界一旦改善，身外的处境必然随之好转。毕竟，在这个世界上，只有你自己，才能决定别人看你的眼光。

我们往往花大力气去了解别人、认识别人，却很少花精力去了解自己、认识自己。我们一般是不能直接看到自己的模样的，只能通过镜子、照片。同理我们一般也是通过别人的眼光来认识自己的，每一个人眼里的你都是不一样的，100个人眼里就有100个你，1 000个人眼里就有1 000个你，在不同的人眼里你是不同的，善良的、聪明的、可恶的、愚蠢的、忠诚的、虚伪的、背叛的，不胜枚举。那么真实的你究竟是什么样的呢？真正的你又在哪里呢？"伤痕实验"明确地告诉我们答案——内心，一个内心烦躁的人纵然身处幽静也是狂躁不安的，一个内心清净的人虽然身处闹市，他的世界还是清净的。无论是追求幸福、宁静、安全……都到你内心去寻找吧，那里有无穷无尽的资源和能量。

"亲爱的，外面没有别人，只有你自己"。

第一节 了解性格

人的发展中，成功与否，幸福与否，性格起着近乎决定性的作用。

一、什么是性格

性格是一个人在对现实的稳定的态度，以及与这种态度相应的、习惯化了的行为方式中表现出来的人格特征。

态度是一个人对人、物或思想观念的一种反应倾向性，它是在后天生活中习得的，由认知、情感和行为倾向三个因素组成。一个人对现实的态度，表现在他在生活中追求什么、拒绝什么，即表现在他都做了什么上面。而一个人怎样去做，则表明了他的行为方式。一个人对现实稳定的态度决定了他的行为方式，而习惯化了的行为方式又体现了他对现实的态度。

态度决定了行为方式，稳定的态度使与这种态度相适应的行为方式慢慢地成了习惯，自然而然地表现出来。一个人助人为乐，是他性格的特性，遇到别人有困难他会毫不犹豫地去帮助别人。别人看到他的助人行为也会觉得很自然，很符合他的性格特点。一个自私自利的人，如果别人看到他去帮助人了，反而觉得很奇怪，无法理解。所以，一个人在长期的社会生活中养成的对现实的态度，和他的行为方式是密切联系、不可分割的。

性格是在社会生活实践中逐渐形成的，一经形成便比较稳定，它会在不同的时间和不同的地点表现出来。但是，性格具有稳定性并不是说它是一成不变的，而是可塑的。一个人的性格在生活中形成后，生活环境的重大变化一定会带来他性格特征的显著变化。

性格不同于气质，它受社会历史文化的影响，有明显的社会道德评价的意义，直接反映了一个人的道德风貌。所以，气质更多地体现了人格的生物属性，性格则更多地体现了人格的社会属性，个体之间人格差异的核心是性格的差异。

二、性格的结构

（一）性格的静态结构

从组成性格的各个方面来分析，可以把性格分解为态度特征、意志特征、情绪特征和理智特征四个组成成分。

性格的态度特征主要指的是一个人如何处理社会各方面的关系的特征,即他对社会、对集体、对工作、对劳动、对他人以及对待自己的态度。

性格的态度特征,好的表现是忠于祖国、热爱集体、关心他人、乐于助人、大公无私、正直、诚恳、文明礼貌、勤劳节俭、认真负责、谦虚谨慎等;不好的表现是没有民族气节、对集体和他人漠不关心、自私自利、损人利己、奸诈狡猾、蛮横粗暴、懒惰挥霍、敷衍了事、不负责任、狂妄自大等。

性格的意志特征指的是一个人对自己的行为自觉地进行调节的特征。按照意志的品质,良好的意志特征是有远大理想、行动有计划、独立自主、不受别人左右、果断、勇敢、坚忍不拔、有毅力、自制力强;不良的意志特征是鼠目寸光、盲目性强、随大流、易受暗示、优柔寡断、放任自流或固执己见、怯懦、任性,等等。

性格的情绪特征指的是一个人的情绪对他的活动的影响,以及他对自己情绪的控制能力。良好的情绪特征是善于控制自己的情绪,情绪稳定,常常处于积极乐观的心境状态;不良的情绪特征是事无大小,都容易引起情绪反应,而且情绪对身体、工作和生活的影响较大,意志对情绪的控制能力又比较薄弱,情绪波动,心境又容易消极悲观。

性格的理智特征是指一个人在认知活动中的性格特征。如认知活动中的独立性和依存性:独立性强者能根据自己的任务和兴趣主动地进行观察,善于独立思考;依存性强者则容易受到无关因素的干扰,愿意借用现成的答案;想象中的现实性:有人现实感强,有人则富于幻想;思维活动的精确性:有人能深思熟虑,看问题全面;有人则缺乏主见,人云亦云或钻牛角尖等。

(二) 性格的动态结构

上述性格静态特征的几个方面并不是相互分离的,而是彼此关联,相互制约,有机地组成一个整体的。一般来说,性格的态度特征是性格的核心,而且对社会、对集体的态度又是最为重要的态度,因为态度直接表现出了一个人对事物所特有的、比较恒常的倾向,同时它也决定了性格的其他特征。例如,一个对社会、对集体有高度责任感的人,他对工作、对学习也一定是认真负责、兢兢业业的,他对别人也会是诚恳、热情的,对自己也是能严格要求的。这一点告诉我们,在分析一个人的性格时,一定要抓住他的性格的主要特征,由此可预见到他的其他性格特征。

另外,性格的各种特征并不是一成不变的机械组合,常常是在不同的场合下会显露出一个人性格的不同侧面。鲁迅先生既"横眉冷对千夫指",又"俯首甘为孺子牛",充分表现了他性格的完美,又说明了性格的丰富性和统一性。

三、性格与人的发展

性格主要受后天环境的影响而形成与发展,带有价值观的成分。性格一旦形成,就具有相对的稳定性,并在很大程度上影响着一个人的命运。正是由于性格对命运的重要影响,所以要改善自己的生存状态,成功地规划好自己的人生,不仅要提高自己的实力,如学历、专业能力,更重要的是改造自己的性格。因为要改变现状,就得改变自己,要改变自己,先得改变我们看待外界的观点。观念是态度与行为的根本,观念决定行为,行为形成习惯,而习惯左右着我们的成败。成功其实是习惯使然。人本主义心理学家马斯洛说:你的心若改变,态度就会改变,态度改变则习惯改变,习惯改变则性格改变,性格改变则人生改变。

每个人都形成了各自的行为模式或者说习惯,习惯从本质上反映了一个人的内涵和素质,而成功者恰恰就是在人生的历程中,不断反思自己,不断摒弃个人习惯中的一个个坏毛病,不断总结提高自身水平,所以才能一步一步走向成功。所以,要想提升自己的人格,就必须由内而外全面造就自己。现代社会竞争激烈,越来越强调职业生涯设计,无论是做一个普通员工,还是做一名管理者,都要做好自己的人生规划。

美国心理学家特尔曼从 1921 年开始对 1 528 名智力超常儿童进行几十年的追踪研究,其成果表明:性格与成就的关系大于智力与成就的关系。他对在 800 个男性中成就最大的 20% 与成就最小的 20% 进行了比较研究,发现这两组人在智力方面没有什么差异,而最显著的差别在于他们的性格差异。成就最大的这组人的性格特征是:有理想、谨慎、有进取心、自信和不屈不挠,在最后完成任务的坚持性等方面,也都明显地高于成就最小的那一组人。

课堂思考

对自己做一个完整的描述,并与同学交流。

第二节 大学生常见的不良性格

在性格的形成与发展过程中,因为受到诸多因素的影响,可能会出现一系列的问题,甚至造成人格障碍。

一、大学生常见的几种不良性格

(一)害羞

害羞在大学生中并不少见。比如不敢在大众场合发表意见,害怕与陌生人打交道,路上见到异性同学会手足无措,见到老师会难为情,说话感到紧张,等等。

害羞是一个人自我防御心理过强的结果,他们常常过于胆小被动,过于谨小慎微,过于关注自己,自信心不足。他们特别注意自己在别人心目中的形象,总觉得自己时时处在众目睽睽之下,于是敏感拘束,一句话要在喉咙口反复多次,一件事总要左思右想,为此搞得神经紧张,坐立不安。

害羞之心人皆有之,但在不该害羞时害羞,害羞成了一种习惯,则是有害的,它会导致压抑、孤独、焦虑等不良心理状态,还会阻碍人际交往,影响一个人才能的正常发挥。因此可通过有意识的调节来改变:

(1)要增强自信心。许多害羞者在知识才能和仪表方面并不比别人差。美国心理学家 J·可奇和 W·利布曼的一项研究表明,怕羞的女大学生自以为长得不美,但不相识的男生凭照片都认为她们与那些社交活跃的女生一样动人。因此要正确评价自己,多看到自己的长处。

（2）放下思想包袱，不要过于计较别人的议论。每个人都会说错话、做错事，这并没什么大不了的，没有完美的人和事。即使有人议论也是正常的，俗话说"谁人身后无人说"，没必要太看重。"走自己的路，让别人去说吧！"这会使自己变得更洒脱。

（3）要有意识地锻炼自己。胆量和能力都是锻炼的结果，要敢于说第一句话，敢于迈第一步。上课、开会时大方地坐到前排去；走路时抬头挺胸，把速度提高四分之一；主动大胆地和别人尤其是陌生人、异性、老师讲话；与人说话时，正视对方的眼睛；在高兴时，开怀大笑；等等。

（二）怯懦

怯懦主要表现为缺乏勇气和信心，害怕可能面临的困难和挫折，在挫折、困难面前常常知难而退，甚至不战而败。有些大学生过去经历一帆风顺，因而特别害怕失败。"只能成功，不能失败"的非理性信念是造成一些大学生怯懦的认知因素。

有些大学生由于胆怯，不敢与人讲话，不敢出头露面，也不敢表明自己的态度，甚至不敢向老师提问题。有些大学生由于软弱不敢冒风险，不敢担重任，不敢与坏人坏事做斗争，不敢坚持自己正确的观点。但越是这样回避矛盾、躲避失败，越是容易体验到强烈的挫折感。

在挑战与机遇并存的现代社会，怯懦者会失去很多成功的机会，并可能成为落伍者。积极迎接挑战，争做生活的强者才是明智的选择。改变怯懦的最好办法是要敢于抓住机遇，积极锻炼，不怕失败，不怕丢面子，不怕担子重，多给自己鼓励和加压，在生活的词典中去掉"不敢"二字。

（三）懒惰

青年大学生本应是充满朝气和活力、开拓进取的群体，但事实并不总是如此。大学校园内曾经流行着这样的打油诗："人生本该 HAPPY，何必整天 STUDY，只要考试 PASS，拿到文凭 GO AWAY。"许多大学生也以"九三学社"成员自称，这从一个侧面反映了他们疲疲沓沓、得过且过、做一天和尚撞一天钟、缺乏进取精神的懒惰心理。懒惰是不少大学生为之感到苦恼又难以克服的一种人格缺陷，是意志活动无力的表现，懒惰是影响大学生积极进取、张扬青春活力的天敌，尤其是在改革开放、日新月异的今天，它与时代是那么格格不入，必须予以改变，否则会有被时代淘汰的危险。

处于懒惰状态的大学生也常以此感到内疚、自责、后悔，但又觉得无力自拔，心有余而力不足。这主要是因为他们往往想得多而做得少，缺乏毅力所致。要克服懒惰，应充分认识到其危害性，自己对自己负责，振作精神，"起而行之"，从日常小事做起，并努力做到不给自己找借口，不原谅自己的偷懒，力争今日事今日毕，多与人交往，多关心外部世界，多参加有益身心的社会活动。而做到这一切，有一个坚定而有价值的理想是非常重要的。

（四）狭隘

受功利主义影响，大学生中的"狭隘"现象有增无减。凡事斤斤计较、耿耿于怀、好嫉妒、好挑剔、容不得人等，都是心胸狭隘的表现，即日常说的"气量小"。心胸狭隘往往影响人际关系，伤害他人感情，也常给自己带来烦闷、苦恼，影响自己的情绪和在他人心目中的形象，因此，于人于己有百害而无一利。狭隘人格多见于内向者，尤其是女性。

克服狭隘，要注意以下三点：一要胸怀宽广坦荡，一切向前看。正如雨果所言，比海洋更广阔的是天空，比天空更广阔的是心灵。二要丰富自己，一个人的视野越开阔，就越不会陷入狭隘之中。这就是所谓的"站得高，看得远"。三要学会宽容，宽以待人。

（五）拖拉

拖拉是不少大学生的通病。拖拉是指可以完成的事而不及时完成，今天推明天，明天推后天，正是："春天不是读书天，夏日炎炎正好眠。秋多蚊虫冬又冷，一心收拾待明年。"导致拖拉的原因，一是试图逃避困难的事，二是目标不明确，三是惰性作用。拖拉一方面耽误学习、工作，另一方面并没有使人因此而轻松些，相反往往会导致心理压力，引起焦虑，总觉得有事情没完成，干别的事也难以安心，还会贻误时机。

改变拖拉，首先要充分认识其危害性，找到自己拖拉的原因，下决心改变。其次要科学安排时间，事有轻重缓急，要一件一件地完成，还要讲究科学的学习和工作方法。再次要敢于做不合心意或者需要花大力气的工作，必须完成的事，与其拖着、欠着，还不如及早动手干，完成后会有一种如释重负的感觉，会有一种欣喜感、满足感、成就感，而拖拖拉拉只会带来疲惫、松垮及焦虑。

（六）自我中心

随着自我意识的发展，大学生越来越感到自己内心世界的独一无二，他们越来越多地把关注的重心投向自我，尤其是那些有较强自信心、自尊心、优越感、独立感的学生更比较容易出现自我中心倾向。当这种倾向与一些不健康的思想意识（如个人主义、自私自利思想）和心理特征（如过强的自尊心、唯我独尊等）结合时，就会表现出过分的、扭曲的自我中心。过多自我中心的人往往以自我为核心，想问题、做事情，从"我"出发，不能设身处地进行客观思考，对别人颐指气使，盛气凌人，不允许别人批评，"老虎屁股摸不得"。这种人往往见好处就上，见困难就让，有错误就推，总认为对的是自己、错的是别人，因而他们常不能赢得他人的好感和信任，人际关系多不和谐。

克服过分自我中心的途径包括：第一，树立健康的人生观，自觉地将自己和他人、集体结合起来，走出自己的小天地；第二，恰当地评价自己，既不低估也不高估，既不妄自菲薄，也不自高自大；第三，尊重他人，只有尊重和信任才能获得友谊；第四，设身处地地从他人的角度思考问题，将心比心，真诚地关爱他人，从而做到"我爱人人，人人爱我"。

（七）虚荣

可以说，虚荣心普遍存在于每一位大学生身上，尤其是女生身上，这是正常的，但一旦过分，则会有害无益。

虚荣心往往与自尊心、自卑感联系在一起，没有自尊心，就没有虚荣心，而没有自卑感，也就不必用虚荣心来表现自尊心，虚荣心是自尊心和自卑感的混合物。虚荣心强的大学生一般性格内向、情感脆弱、多愁善感，虽然自惭形秽，却又害怕别人伤害自己的尊严，过分介意别人的评论与批评，与人交往时总有一种防御心理，不允许别人有稍微冒犯，且常会千方百计地抬高自己的形象。他们捍卫的往往是虚假的、脆弱的、不健康的自我，以致无暇来丰富、壮大真实的自我。

防止或改变过强的虚荣心，第一要对其危害性有清醒的认识，有勇气、有决心改变自己；第二应当努力认识自己，了解自己的长处与短处，扬长避短；第三要树立自信和健康的荣誉心，正确表现自己，不卑不亢；第四，不为外界的议论所左右，正确对待个人得失。

课堂思考

有个女生，原来遇事总看不好的一面，喜欢批评指责，看什么都不顺眼，养成一种"愤青"的愤世嫉俗的特点，同学关系不好，经常感到孤独。后来向心理老师咨询，老师给出如下建议：学习对事情做积极评价；看事情也看好的一面；在发火之前，调整一下心情。坚持了几个月，她感觉自己真的变了，变得与周围同学的关系融洽了，心情也开朗了。

你从这个案例中收获了什么？

第三节　塑造优良性格

具有优良性格的人，能有意识地控制自己的生活，掌握自己的命运；他们能意识到自己的优点和弱点、善与恶，并且容忍和认可他们；他们不是生活在往事之中，而是坚定地立足于现在，并注意到未来的目标和任务。

一、优良性格与人的发展

有专家分析国内 100 名优秀企业家后发现，无论是创业型的企业家还是守业型企业家，在性格上，100%都倾向于坚强、果断、坚毅、开朗，而较少懦弱、犹豫、封闭。坚强的性格能使企业家经受住挫折和打击；果断的性格增强了企业家决策的胆略和魄力；坚毅的性格保证了企业家实现既定目标的坚韧性；开朗的性格扩展了企业家的感染力。因此，刚强、果断、坚毅、开朗是企业家的性格，只有具备了这些性格的人，才有可能成为真正的企业家。

行为科学研究得出结论：习惯构成性格。一个人一天的行为中大约只有 5%是属于非习惯性的，而 95%的行为都是习惯性的。即便是创新，最终也可以演变成习惯性的创新。由此，足见习惯的力量。一切的想法、做法，最终都归结为一种习惯。这样，才会对人的成功产生持续的力量。另一个研究结论是：对于一般行为来说，21 天以上的重复会形成习惯；90 天的重复，会形成稳定的习惯。即同一个动作，重复 21 天就会形成习惯性动作。同理，同一个想法，重复 21 天，或重复验证 21 次，就会变成习惯性的想法。所以，一个观念如果被验证了 21 次以上，它十有八九已经变成了你的信念。

没有改变不了的习惯，只有你不怎么想改变的习惯。没有改变不了的性格，只有你不怎么想改变的性格。没有改变不了的命运，只有你不怎么想改变的命运。做一个计划成功者，去有计划地为自己塑造好习惯。成功是因为习惯，一旦养成了成功者身上所有的好习惯，你会发现自己"想不成功都很难"。

二、塑造优良性格的原则

重在践行。良好性格的发展与塑造，关键在于实践，在特定的社会活动中发展出与之适应的性格。重在践行强调的是，做这个年龄应该做的，获得同步实践的体验，以同龄人为参照调整自己的偏差。

重在细微。性格是在后天各种因素的作用之下逐渐发展和完善的,生活中诸多细小的事件渐渐起作用。想要完善自己的性格,同样也需要注重细节,从生活中的一言一行做起。

重在坚持。人格的健全与完善,不是做一件事两件事就能起效的。正如性格的塑造也是从小到大受各种因素影响的结果。所以,需要的是持之以恒的坚持、从点滴小事做起。21天可以养成一种习惯,习惯又可以内化成为你的一种性格特征。

三、塑造优良性格的方法

自立品质的培养。首先要正确地认识自我,接纳自我;其次,给自己合理的定位,规划自己的人生;最后,学会担当。生活中遇到困难时,首先从自己内部资源寻找解决办法,然后才是找外部原因。

自强人格的塑造。一是学会管理自己的情绪。遇到困难和挫折,出现情绪低落的情况很正常,但自己要学会调整和宣泄,如找别人倾诉、哭泣、运动等。二是学会面对问题、解决问题,情绪有所调整后,还要直接面对问题,一直逃避不可取。三是学会寻求社会支持。有些问题可能超出了我们能力的范围,这时需要外部资源给我们提供信息、解决策略或者直接的帮助。四是适当调整认知,对于有些问题暂时无法找到应对策略的,我们接受现实、承认暂时的不成功也是可以的,别忘了,任何事情都具有两面性。

爱心的培养。爱心与同情、亲和、利他、感恩、孝顺等人格特点有关。第一步用心体验被爱。第二步学会爱自己。学会爱自己不仅会欣赏自己、肯定自己,还有很重要的一点,是要接纳自己的缺点。我们接纳自己的生命,面对存在的不足而改进自己。这样不因暂时的成功而骄傲自满,也不因一时的失败而自甘堕落,更不会因为别人的中伤而记恨在心。第三步学会爱他人。理解别人、学会正确地评价他人、接纳他人,包括优点和缺点。最后,尊重爱的界线,人和人之间可以很亲密但不可能无间。经常有这样的同学,抱怨一个室友以前和自己很好、几乎形影不离,现在他和另一个同学成为好朋友,觉得自己被疏远了,就不想和他再做好朋友了。所以,爱别人就需要尊重别人的隐私和自由,给别人一定的空间。

课后延伸

分析自己的特质,找到你对应的优缺点,列出条目,然后逐项提出针对性的发扬优点、改进不足的具体方法。坚持下去,你会看到更好的自己。

(1) 外倾性

正向:热情的、爱表现的、健谈的、善社交的、精力旺盛的、开朗的、坦率的、果断的;

负向:保守的、害羞的、退缩的、缄默的、孤独的、不合群的。

(2) 宜人性

正向:同情的、和蔼的、有感情的、热心的、慷慨的、信任的、助人为乐的、友好的;

负向:挑剔的、冷漠的、不友善的、好争辩的、多疑的、刻薄的、易怒的。

(3) 责任感

正向:负责的、计划的、有效率的、可依赖的、认真的、刻苦的、细心的;

负向:粗心的、无秩序的、无计划的、浮躁的、马虎的、懒惰的。

(4) 情绪性

正向：稳定的、冷静的、满足的、不情绪化的、平静的、安全的、自在的；

负向：紧张的、情绪化的、忧虑的、敏感的、冲动的、不稳定的、沮丧的。

(5) 开放性

正向：兴趣广泛的、有想象力和独创性的、有洞察力的、聪明的、智力高的；

负向：平庸的、兴趣狭窄、狭隘的、刻板的、创造性差、缺乏好奇心的。

 经典诵读

宠辱不惊，闲看庭前花开花落；去留无意，漫随天外云卷云舒。

【出处】明·陈继儒《小窗幽记》

【释义】对于一切荣耀和屈辱都泰然处之，用平静的心情欣赏庭院中花开花落；对于所有升沉和得失都不在意，安然地观看天上浮云随风聚散。所谓身不惊，才有闲看的雅致；心无意，才有漫随的风情。

【解读】这是一种境界，是对名利应有的态度：得不喜，失不忧。

第十四章

逆风飞翔

生活的意义在于，你一直努力实现自己心中的梦想，或许到最后并没有如愿以偿，但你却在这个过程中找到并实现了自己的价值。谁无暴风骤雨时，守得云开见月明。阳光总在风雨后，不经历严冬的酷寒，又怎能迎来面朝大海，春暖花开。逆风飞翔，才能成长。世界上只有一种英雄主义，就是看清生活的真相之后依然热爱生活。大学生由于生活阅历少，对社会的感受敏锐，思想不成熟，在应对挫折和压力方面尚欠成熟。大学生面临的挫折情境也是多种多样的，当人们遇到挫折与压力时，心理上、行为上会产生诸多反应，如何去积极地应对挫折与压力是必备的一项技能。

课堂导读

有这样一句话："当你抱怨没有鞋的时候，还有人没有脚。"而有着这样一个人，他不但没有脚，连双手都没有，但他却拥有两个大学学位，担任着国际公益组织"没有四肢的生命"的总裁，创办了自己的演讲经纪公司，同时投资房地产和股票。骑马、游泳、冲浪、打鼓、踢足球，他样样皆能。年仅30岁，他已踏遍世界各地，接触逾百万人，激励和启发着他们的人生。他就是——尼克·胡哲（Nick Vujicic）。1982年12月4日，胡哲出生于澳大利亚墨尔本。他天生没有四肢，只有左侧臀部以下的位置有一个带着两个脚趾头的小"脚"。尽管身体残疾，但父母并没有放弃对他的教育。胡哲的父亲是一名工程师，母亲是一名护士。在他6岁时，父亲教他如何用身体仅有的"小鸡脚"打字。而母亲则为他特制了一个塑料装置，好让他学会"握笔"写字。8岁时，胡哲的父母把他送入小学。因身体残疾，胡哲饱受同学的嘲笑和欺侮。10岁时，他曾试图在家中的浴缸溺死自己，但没能成功。在胡哲19岁的时候，他打电话给学校，推销自己的演讲。被拒绝52次之后，他获得了一个5分钟的演讲机会和50美元的薪水，开始了演讲生涯。2003年，胡哲大学毕业，并获得会计与财务规划双学士学位。2005年，出版DVD《生命更大的目标》。同年胡哲被提名为"澳大利亚年度青年"。2008年，胡哲担任国际公益组织"Life Without Limbs"（没有四肢的生命）总裁及首席执行官。同年出版DVD《我和世界不一样》。2009年，出版DVD《神采飞扬》。在2008—2009年间，胡哲两次来到中国演讲，在清华大学、首都师范大学和复旦大学举行演讲。2010年，出版自传式书籍《人生不设限》。2012年，胡哲出版书籍《永不止步》。2013年5月14日起，胡哲开启东南亚巡回演讲之旅，他于5月14日到达首站日本，之后还在菲律宾、马来西亚、越南、柬埔寨、韩国等国及中国澳门、香港地区陆续举行演讲。2014年，出版书籍《坚强站立：你能战胜欺凌》。同年6月，出版书籍《谁都不敢欺负你》。2015年出版书籍《爱情不设限》。在新作中，尼克·胡哲首度披露了自己的爱情经历。

尼克·胡哲是澳大利亚第一批进入主流学校的残障儿童，也是高中第一位竞选学生会主席的残障者，创设"没有四肢的生命"非营利组织，在五大洲超过25个国家举办1 500多场演讲。

第一节　压力与挫折

人生在世，不如意事十之八九，谁都会遇到各种各样的困难、失败、打击、挫折、压力。适度的挫折与压力对人的成长起积极作用，能帮人消除懦弱，培养坚强意志，使人奋发上进。

一、认识压力与挫折

(一) 什么是心理压力

心理压力是个体在生活适应过程中的一种身心紧张状态，源于环境要求与自身应对能力的不平衡；这种紧张状态倾向于通过非特异的心理和生理反应表现出来。主要的压力源有以下3种：

(1) 生物性压力源：躯体创伤或疾病、饥饿、性剥夺、睡眠剥夺、噪声、气温变化；

(2) 精神性压力源：错误的认知结构、个体不良经验、道德冲突、不良个性心理特点；

(3) 社会环境性压力源：纯社会的压力；由自身状况造成的人际适应问题。

心理学家格拉斯通提出了会给我们带来明显压力感受的9种类型的生活变化：

(1) 就任新职、就读新的学校、搬迁新居等。

(2) 恋爱或失恋，结婚或离婚等。

(3) 生病或身体不适等。

(4) 怀孕生子，初为人父、母。

(5) 更换工作或失业。

(6) 进入青春期。

(7) 进入更年期。

(8) 亲友死亡。

(9) 步入老年。

此外，家庭、工作与环境状况之间的关系、所从事工作的性质等，也是能造成心理压力的情境。

(二) 挫折

从心理学上分析，人的行为总是从一定的动机出发，经过努力达到一定的目标。如果在实现目标的过程中，碰到了困难，遇到了障碍，就产生了挫折，挫折会产生各种各样的行为，表现在心理上、生理上都会有反应。遭受严重挫折后，个人会在情绪上表现抑郁、消极、愤懑；在生理上，会表现血压升高、心跳加快，易诱发心血管疾病；胃酸分泌减少，会导致胃溃疡、胃穿孔等。

总之，个人的挫折会产生反常行为。

在实现目标过程中，产生了挫折，可以出现如下几种情况：

（1）改变方法，绕过障碍物、另择一条路径，实现目标。
（2）无法从困难逾越，修改目标，改变行为的方向。
（3）在障碍面前，无路可走，不能实现目标，人们会产生严重挫折感。

心理学研究表明，一个人对成功与失败的体验，包括对挫折的体验，不仅依赖于某种客观的标准，而且更多地依赖于个体内在的欲求水准。任何远离这一欲求水准的活动，都可能产生成功或者失败的体验。在现实生活中，这一事实体现为，取得相同的成绩，不同的人会有不同的反应。比如，考试得了80分，对于"60分万岁"的人来说，已经是很大的成功了。

可以这样认为，一个人的欲求水平和主观态度，是决定是否产生挫折的最重要原因。中国有句俗话"知足者常乐"，就是鼓励人们降低欲求水平以减少挫折感，减少压力。

成长三部曲

1. 游戏从"鸡蛋"开始，每个人都是"鸡蛋"，抱成团蹲在地上，与同类进行猜拳，如果赢了，就进化成"小鸡"。变成"小鸡"后再与"小鸡"进行猜拳，如果赢了，就进化成"大鸡"。成为"大鸡"后与"大鸡"猜拳，如果再赢，你就成长为"人"。

2. 与同类猜拳时，输的一方自动退化为前一状态。

3. 晋升为"人"的同学可以在旁边观察大家的举动。

4. 分享：
（1）始终是"鸡蛋"，此时的感受如何？
（2）多次快成"人"，但又被挫败为"鸡蛋"，感受如何？
（3）一路成长顺利的同学有何特别的感受？
（4）如何看待成长过程中的失败？
（5）在这个过程有何特别发现？

第二节 常见的压力与挫折

大学生的思想较为复杂，生活道路相对较为平坦，经受的挫折较少，生活阅历也较为简单，因此，当他们遇到挫折时，容易出现不适应的情况，产生各种不良的心理行为表现。

一、大学生常见的压力与挫折

1. 学习压力与挫折

学习压力与挫折成为中国大学生比较常见、表现比较突出的一种压力与挫折类型。对专业学习不感兴趣，学习动力不足，学习目标盲目；还有的学生对学习和其他活动的关系处理失当，无法合理分配学习时间，如忙于参加各种社团、兴趣小组，增加自己的社会阅历，却导致学习成绩下降；更有甚者学习上被动，思想上松懈，经常沉溺于网吧、游戏室，看到不及格的成绩时后悔莫及。这些都不可避免地带给大学生学习上的挫折。

2. 家庭压力与挫折

大学生刚刚脱离父母的怀抱,开始独立地生活,在融入高校这个大集体的过程中,其一言一行难免带有家庭影响的烙印。在他们适应大学生活、与老师同学磨合的初期,其家庭教育的影响体现得特别明显。越来越多的研究也表明,人的许多行为可以追溯到他所受到的家庭教育。除此之外,家庭经济状况、家庭氛围等都会使大学生产生压力或体验到挫折感。

3. 恋爱压力与挫折

大学生渴望接触异性,向往美好爱情,一些人在校时就涉足恋爱问题,有的甚至处于热恋之中。然而,爱情是两颗心共同撞击出的火花,单方面的痴情是构不成爱情的。有的人由于缺乏生活经历,或是择偶标准不实际,或是恋爱动机不端正,或是由于家庭或社会舆论的压力,或是在交往中发现彼此性格不合,或是单相思,陷入失恋的痛苦之中,有的甚至不能自拔,造成不良后果。

【案例】

某大学女生张某,品学兼优,相貌端庄秀丽,一向对自己要求严格,具有积极进取、要强好胜的个性特点。中学时由于学习成绩优秀被保送上大学。男生李某是张某的同班同学,担任系学生会宣传部部长,学习努力,学习成绩中等,性格活泼开朗,人缘好,口才好。上大学二年级后,张某逐渐对李某产生了好感,并产生了与李某恋爱的念头,但一直没有勇气向李某表达爱慕之心。两个月后,张某鼓起勇气给李某写了一封信,表达了想交朋友的意思。三天后,张某收到了李某明确而有礼貌的拒绝谈恋爱的回信。

看过回信后,张某简直不敢相信自己的眼睛,从未想到像自己这样优秀的人在第一次求爱时会被人拒绝。当时,张某感到如雷轰顶,脑子里空荡荡,独自在校园里不知游荡了多久才回到宿舍。晚上,张某呆呆地躺在床上无法入睡,眼泪打湿了枕巾,懊悔羞辱之心难以平复。

从此,张某走路时低下了头,不敢正视同班的同学,更不敢正眼看李某。上课时,看着李某的背影,张某根本听不到老师讲什么。晚上在教室自习时,也无法集中精力看书做作业,常常忍不住悄悄挨个教室寻找李某,直到看到李某为止。一个学期下来,张某似乎变了一个人,沉默寡言,面容憔悴,学习成绩一落千丈,期末考试七门不及格,按学校规定被退学回家。

4. 交往压力与挫折

人际交往是人生活的重要组成部分。大学生重视人际交往,珍视友谊。但有的同学由于性格内向怕交往;有的同学因难以适应学习生活的新环境,和同学关系不协调;也有的同学对他人和集体冷漠,甚至产生敌意,造成人际关系紧张。

【案例】

"身为一名理科大三学生,最令我困扰的不是学业,不是考研,而是和自己宿舍同学的关系。真是令人感到很羞愧,20岁的人了,还孩子似的闹可笑的矛盾。可是,我无法化解它,这简直是折磨人的桎梏。"某大学女生小汪3年来一直被尴尬的宿舍人际关系所困扰,最近甚至影响到学业。"宿舍里的气氛很不好,我就像待在冰窖似的,很影响心情,学习成绩也下降了。一想到我还要在那个'冰窖'待一年多，整个人都要崩溃了。我还要考研，可现在根本看不进去书。"小汪痛苦地说，"大学里一般本宿舍同学的关系最好，尤其是女生。可我恰恰相反，和其他宿舍的人关系都很好，形影不离的好友也是外宿的。唯独和最重要的本宿舍的人水火不相容，甚至和其中一位频繁吵架。我真不知道该怎么办了。"

5. 健康压力与挫折

由于生理的病残造成追求不能得到满足时而产生的挫折感。健康的身体是人生活的基础。有的同学由于体弱多病或者身体有某种残疾，从而产生了自卑心理，自我封闭，几乎断绝了与他人交往，或在交往中挺不起胸，抬不起头，迈不开步，给学习生活造成了诸多困难，因而感到痛苦，并影响自尊心，使心理受挫。

6. 就业压力与挫折

目前，随着高校毕业生的日益增加，大学生的就业形势日趋严峻，相当多的大学生在就业过程中体验到了就业挫折。如有的大学生不能正确评价自我，缺乏自信，瞻前顾后，没有主见；而有的却趾高气扬，盲目自大，结果高不成，低不就；有的求稳求全；有的盲目冲动；有的焦虑不安。

二、压力与挫折反应

对大学生心理健康影响最大的并非急性压力和重大挫折事件，而是由日常烦扰累积的慢性压力。慢性压力对心理健康的影响是通过相同压力源和挫折情境出现的次数和持续的时间来实现的。所以，尽管压力强度不大，影响作用却很大。

(一) 生理反应

个体遭受挫折以后，机体内部的自我调节机制将会最大限度地调动机体的潜在能量，以有效地应付外界环境的变化。比如，受挫后交感神经系统的兴奋性会增强，消耗大量的能量，于是神经末梢释放生物信息，刺激心肌收缩力增强，以促进血液循环加快，血压升高；刺激呼吸加快，以保证氧气供应；刺激各种激素分泌增加，促进蛋白质、脂肪、糖原分解。体内潜能大量消耗的同时，机体内部那些与情绪反应无直接联系的器官或系统则得不到必要的能量而不能维持正常功能，如消化道蠕动减慢、胃肠液分泌减少等。

(二) 心理反应

（1）愤怒和敌意。如果受挫者意识到挫折情境来自人而不是自然因素，会产生愤怒和敌意的情绪体验。所谓"怒从心头起，恶向胆边生"，愤怒之后可能还会有进一步的极端行为反应。

（2）焦虑与担忧。通常情况下我们不知道挫折的原因是什么，或者就是知道挫折来源于什么，我们也无法解决，这时我们往往会产生焦虑与担忧的情绪反应。

（3）冷漠。当人遇到挫折以后，表现出无动于衷、漠不关心的态度，好像没有什么情绪反应，这就是受挫后的冷漠反应。冷漠并非没有情绪反应，相反，是一种压抑极深的痛苦情绪反应。

（4）压抑。当我们无法对挫折情境表达我们的愤怒与不满的时候，需要暂时将消极情绪压抑起来。压抑并不意味着问题的解决，按照精神分析理论，被压抑的情绪进入潜意识，会通过其他途径变相表露出来。

（5）升华。以积极的心态看待挫折，将挫折转化为一种激励的力量。所谓"屡战屡败，屡败屡战""越挫越勇"就是这种在挫折面前自我激励的情绪状态。

(三) 行为反应

(1) 报复与攻击。对于人为造成的挫折，比如他人的恶意阻挠，会激起当事人强烈的反应，可能会直接激发出报复和攻击行为。受网络暴力文化的影响，很多青少年面对挫折具有暴力倾向。

(2) 退行。所谓退行，是指遇到挫折时，心理活动和反应退回到个体早期发展水平，以幼稚的、不成熟的方式应对当前情境。比如，大学生的活动计划如果受到家长或者老师的反对，可能就会采取赌气、咒骂、暴食、疯狂购物、砸物甚至出走等非积极、非成熟的方式去应对。

(3) 宣泄。宣泄是指采用道德法律许可的方式发泄心中的不满、愤怒等极端情绪，从而避免发生直接人际冲突和心理郁积的一种方式。常见的宣泄方式有在空旷空间大吼大叫、摔打物品、打出气袋、跳舞、唱歌等。

(4) 补偿。所谓补偿，是指因某方面的缺陷而无法达到期望的目标时，以其他方面的成功来弥补先前的遗憾与自卑的现象。例如，大学生因为家庭经济条件或者自身的相貌条件在恋爱问题上受挫，那么他就可能会发奋学习，以学习的成功增加自己的自信心。

(5) 幽默。遇到挫折，以看似轻松、令人发笑的语言对挫折的原因或者遭受挫折以后的后果进行解说，使人的心理紧张或愤怒感暂时消失的艺术，就是幽默。幽默反应是个人看待挫折成败的一种超然心态和智慧。

【案例】

有两个人在沙漠里迷路了，悲观的那位一看见只剩下了半瓶水，马上就绝望地说："惨了，我们只剩半瓶水了，再不找到出路，我们都会死在这里！"乐观的那位看到这半瓶水，却高兴地大叫："太棒了，我们还有半瓶水，那我们就还有希望找到出路！"

课堂思考

同样的道理，当大学生遇到挫折时，不要一味地去分析挫折产生的不良影响，而要发现挫折中包含的积极因素，培养积极乐观的态度，体验在挫折中获得成长和力量所带来的快乐。你怎么看？

第三节　积极应对压力及挫折

化解压力、战胜挫折使人愈挫愈勇，更加坚定信念，勇往直前。但如果不能正确面对挫折、承受压力的能力不强、不能化解并战胜挫折，当遇到一点点挫折时，就会不知所措，情绪低落，放弃理想信念，甚至放弃生活。所以，抗击挫折的心理素质的培养对任何人都非常重要。

【案例】

彩虹是受了挫折的阳光

一个因车祸失去一条腿的小女孩与她妈妈进行了一段对话，对话不长，却发人深省。"妈妈，您看，彩虹！""美吗？""美！""宝贝，你知道吗？彩虹其实就是阳光。""阳光？我们平时见到的阳光，为什么没有这么美呢？""因为在雨后，空中留存的雨雾把阳光折射了，从而产生了七彩的光芒。这阳光的折射就像人生中的挫折和磨难，折射使阳光美丽起来，挫折和磨难也会使人生美丽起来。""妈妈，我知道了，彩虹就是受了挫折的阳光。"

不经风雨，难见彩虹，人生亦是如此。挫折就是财富，有了它，生命才异常美丽。挫折并不是灾难，遭遇挫折是一种幸运，与困难做斗争不仅磨砺了我们的人生，也为日后更为激烈的竞争积累了丰富的经验。

一、逆商

（一）什么是逆商

每个人在生活中都不同程度地受到过挫折，人们在受挫折后恢复的能力却各不相同，有些人弹性十足，有些人受挫后一蹶不振，而大多数人则介于两者之间。保罗·斯托茨在20世纪90年代中期率先提出了"逆境商数"（Adversity Quotient，缩写为AQ），逆商是人们面对逆境，在逆境中的成长能力的商数，用来测量每个人面对逆境时的应变和适应能力的大小。

（二）衡量逆商的指标

1. 控制

所谓控制，即你在多大程度上能控制局势。斯托茨认为，我们的控制能力来自我们的控制感，高AQ者的控制感高，低AQ者的控制感低。即便面临重大的挫折，高控制感的人仍然相信自己能控制局势。当别人都以为"大势已去"的时候，高控制感的人总能透过种种消极因素看到积极的、自己可以做主的地方，而决不言放弃。但控制感低的人在还掌握着很多资源的时候，就很容易觉得"大势已去"了。

【案例】

某单位有位老专家，当别人和他打招呼的时候，他会高抬起头，不做任何回应，"高傲"地与打招呼者擦肩而过。知道了他这个习惯后，绝大多数人都不再主动和这位专家打招呼。然而，一个新来的小姑娘就不这么做。一开始，她打招呼后，专家一样会抬抬头，"高傲"地擦肩而过。但这位小姑娘并不放弃，个子矮小的她会转过身来，小跑几步，堵在这位专家的前面高喊一声："老师，你好！"这样打了几次招呼后，以后只要一看到这位小姑娘，这位专家就会主动打招呼："伊伊，你好！"这是一种控制感的较量。

一般人认为，是专家在控制局面，所以，当专家不理自己时，这种小小的挫折感击倒了绝大多数人。但这名小姑娘不同，她相信自己和专家一样可以控制局面，她认为，专家"古怪"的行为背后一定有一个可以理解的特殊原因。暂时，她不知道这个原因是什么，但她深信，没有人真的天生就是这么古怪不讲情理的，只要自己坚持，就可以控制这个局面，而事实也证明了这一点。

2. 归因

挫折发生了，我们要分析挫折发生的原因，这就是归因。低 AQ 的人倾向于消极归因。要么他们是外部归因，将挫折归因为他人、环境等外部因素，而认为自己没有一点责任；要么他们是消极自我归因，认为自己应为挫折负责，但同时认为局势已不可扭转，而很容易产生被伤害感和无助感。相反，高 AQ 的人首先会主动承担责任，无论什么情况下都倾向于认为自己应该为挫折负责。同时，他们会进行积极归因，即相信自己一定能改善局面。高 AQ 的人会有这样的积极负责感：我认为我应该为改善这一局面而负责。

3. 延伸

所谓延伸，即你会不会自动将一个挫折的恶果延伸到其他方面。高 AQ 的人，很少泛化，他们将挫折的恶果控制在特定范围。他们知道，一个挫折事件只是一个挫折事件。相反，低 AQ 的人，遭遇到一个挫折事件，很容易会产生"天塌下来了"的感觉，从而觉得一切都糟透了。这样一来，挫折事件就像瘟疫一样蔓延到他的生活和工作的方方面面，让他因为一个挫折而否定自己的一切。

4. 耐力

这里所说的耐力并不是盲目的忍受。有些人之所以将忍受当作自己的人生哲学，只是因为惧怕得罪别人。这种忍耐力并不值得提倡。高度的耐力是高 AQ 人的最明显的特征，他们会把逆境以及造成逆境的原因看成是暂时的。这种态度将使自己的精力更加旺盛，更善于保持乐观主义精神，加强采取行动的可能性。他们的耐力是基于希望和乐观主义之上的。爱迪生为发明电池经历了 17 000 次失败，他这种惊人的耐力与他对电池的了解是密切相关的。相反，低 AQ 的人即便在非常有利的时候，也会看到消极的地方，并由此产生过分的担忧，最终产生"怎么做都没有用"的想法，于是很容易放弃。

【案例】

1982 年，马云第一次参加高考，首次落榜，数学只得了 1 分。马云充满了挫败感，之后他跟表弟到一家酒店应聘服务生，结果表弟被录用，自己惨遭拒绝，老板给出的理由是马云又瘦又矮，长相不好。后来马云做过秘书、搬运工人。马云高考落榜后，父亲马来法见他意志消沉，让他蹬三轮给杂志社送书。

1983 年，马云第二次参加高考，再次落榜，数学提高到了 19 分。马云的父母劝他死了上大学的心，好好学门手艺，之后马云又开始骑着那辆破旧的自行车，穿梭于杭州的大街小巷。

1984 年，马云不顾家人的极力反对第三次参加高考，这次数学考了 89 分，但总分离本科线还差 5 分。由于英语专业招生指标未满，部分英语优异者获得升本机会，马云被杭州师范学院破格录取升入外语本科专业。

进入大学后，马云变成了品学兼优的好学生，凭借出色的英语稳坐外语系前五名。之后马云当选学生会主席，后来还担任了两届杭州市学联主席。在创立阿里巴巴之前，马云经历了几次艰难的创业：

第一次：创办海博翻译社

马云之所以要办翻译社，主要是基于三个方面的考虑：①当时杭州有很多的外贸公司，需要大量专职或兼职的外语翻译人才；②他自己这方面的订单太多，实在忙不过来；③当时杭州还没有一家专业的翻译机构。

很多人光有想法，从来都不会有行动。但是马云一有想法，却是马上行动。当时是1992年，马云是杭州电子工业学院的青年教师，28岁，工作4年，每个月的工资还不到100元。但没钱，不是问题，他找了几个合作伙伴一起创业，风风火火地把杭州第一家专业的翻译机构成立起来了。

创业开始，也是举步维艰，第一个月，翻译社的全部收入才700元，而当时每个月的房租就是2 400元。于是好心的同事朋友就劝马云别瞎折腾了，就连几个合作伙伴的信心都发生了动摇。但是马云没有想过放弃，为了维持翻译社的生存，马云开始贩卖内衣、礼品、医药等商品，跟许许多多的业务员一样四处推销，受尽了屈辱，受尽了白眼。

整整三年，翻译社就靠着马云推销这些杂货来维持生存。1995年，翻译社开始实现赢利。现在，海博翻译社已经成为杭州最大的专业翻译机构。虽然不能跟如今的阿里巴巴相提并论，但是海博翻译社在马云的创业经历中也画下了重重的一笔。

海博翻译社给马云最大的启示就是：永不放弃。

没有钱，只要你永不放弃，就可以取得成功。

第二次：创办中国黄页

中国黄页是中国第一家网站，虽然是极其粗糙的一个网站。网站的建立缘于马云到美国的一次经历。1995年初，马云参观了西雅图一个朋友的网络公司，亲眼见识了互联网的神奇，他马上意识到互联网在未来的巨大发展前景，马上决定回国做互联网。

创业开始，马云仍然没有什么钱，所有的家当也只有6 000元。于是又变卖了海博翻译社的办公家具，跟亲戚朋友四处借钱，这才凑够了80 000元。再加上两个朋友的投资，一共才10万元。对于一家网络公司来说，区区10万元，实在是太寒酸了。

很多人都说，做网络公司，没个几百万上千万是玩不转的。又有人说，如今的环境跟马云创办中国黄页的时候截然不同了，那时10万元可以，现在肯定不行。我说，这全都是借口。说这样的话的人，这辈子也不可能有什么大的成就，因为他们眼里看到的都是困难。

对于中国黄页来说，创办初期，资金也的确是最大的问题。由于开支大，业务又少，最凄惨的时候，公司银行账户上只有200元现金。但是马云以他不屈不挠的精神，克服了种种困难，把营业额从0做到了几百万。

当然，后来中国黄页被杭州电信收购了。但是我认为，中国黄页在马云手里，依然是成功的。

第三次：创办阿里巴巴

阿里巴巴无疑是中国互联网史上的一次奇迹，这次奇迹是由马云和他的团队创造的。

但是阿里巴巴创业开始时，钱也不多，50万元，是18个人东拼西凑起来的。50万，是他们全部的家底。然而，就是这50万元，马云却喊出了这样的宣言：我们要建成世界上最大的电子商务公司，要进入全球网站排名前十位！

那是1999年。1999年，中国的互联网已经进入了白热化状态，国外风险投资商疯狂给中国网络公司投钱，网络公司也是疯狂地烧钱。50万元，只不过是像新浪、搜狐、网易这样大型的门户网站一笔小小的广告费而已。阿里巴巴创业开始是相当艰难的，每个人的工资只有500元，公司的开支一分钱恨不得掰成两半来用。外出办事，发扬"出门基本走"的精神，很少打车。据说有一次，大伙出去买东西，东西很多，实在没办法了，只好打的。大

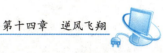

家在马路上向的士招手,来了一辆桑塔纳,他们就摆手不坐,一直等到来了一辆夏利,他们才坐上去,因为夏利每公里的费用比桑塔纳便宜2元钱。

2007年11月6日,阿里巴巴在香港联交所上市,市值200亿美金,成为中国市值最大的互联网公司。马云和他的创业团队,由此缔造了中国互联网史上最大的奇迹。马云的成功绝非单单因为他比我们早创业10年!也许你认为马云恰逢时运,你生不逢时;也许你认为马云资金雄厚,你身无分文;也许你认为马云运气高照,你霉字当头。但你不要忘了马云二次高考落榜,做过搬运、蹬过三轮、当过小贩;你不要忘了阿里巴巴创业之始35个人挤在一个房间,大家要集资才能创业,马云要靠借贷才能发工资;你不要忘了马云身高1米62,体重仅100斤出头,中国黄页推出之初很多人说他是骗子。马云的创业成功绝非偶然,那是智慧和勇气的结晶,那是信心与实干的结果,那是领袖与团队的无间结合。

马云给我们的意义更在于马云说过:"如果马云能够成功,我相信中国80%的人都能成功。"如果你能像马云一样敢思、敢想、敢说、敢做、敢为天下先,那你也可能创造自己的阿里巴巴帝国。

二、应对压力与挫折的方法与技巧

1. 正确归因法

归因是指个体依照主观感受或经验对自己或他人的行为及其结果发生的原因予以解释与推测的心理活动过程。归因是在个体经验的指导下进行的,因此,结果可能是正确的,也可能出现误差,甚至完全错误。导致挫折的原因很多,但可以将其归因为两大类:一类是主观原因,如努力不够,能力低下;一类是客观原因,如生理缺陷、疾病、容貌、身体等条件的限制,以及自然、社会等外部因素的干扰、破坏等。一般来说,倾向于外归因的人,虽然可以保持内心的暂时平衡,但他不能从挫折中吸取教训;倾向于内归因的人,往往承担了过多的责任,容易丧失自信。大学生应对挫折进行正确归因,即对内外两方面原因加以综合考虑,如从能力、努力、任务难度、运气、身心状况、他人反应几个方面进行恰当的自我成败归因。

【案例】

27岁的阿梅感觉到自己撑不下去了。3年前,她立志要成为一名优秀的销售经理,但从那时到今天,还没有哪一个公司雇用她做销售经理超过一年。多数时候,她刚到试用期就被公司解聘。现在,她几乎彻底对自己失去了信心。

阿梅之所以陷入现在这种局面,和她的归因方式有密切关系。第一次被公司解雇就给她造成了重大的心理打击。虽然内心深处知道,自己作为一名销售经理还有所欠缺,但她不敢去做这种自我归因,她的解决方式是逃跑。既然被这个公司解雇了,她就去另一个公司应聘销售经理。被另一个公司解聘后,她再去第三个公司应聘销售经理。她一直没有放弃自己的"销售经理梦",但是,她却从来没有认真地对这些屡屡发生的挫折事件做一次自我归因。

如果阿梅在第一次被解聘后就立即进行自我归因,要么完善自己继续做"销售经理梦",要么放弃这种梦而改做更适合自己的工作,就不会接二连三地遭受打击了。

每一次挫折事件都是一次机遇,因为它暴露了自己的缺点和弱点。进行自我归因的人会借此完善自己，这样一来，挫折就成了人生的一种财富。但是，进行外部归因的人就没有这种机会，对他们来说，每一次挫折就只是挫折，挫折事件发生越多，他们内心积攒的挫折感就越多。

2. 自我暗示法

自我暗示是指用含蓄、间接的方式，对自己的心理和行为产生积极影响。当一个人遭遇挫折，受到打击时，要提醒自己："我要振作，我要成功，我一定能做到，我要下定成功的决心，失败就永远不会把我击垮。"运用积极的心理暗示可以帮助人振作精神，增强信心。

3. 目标调整法

目标调整法指目标受挫后重新寻找方向，调整期望值，重新确立更切合实际的新目标。当大学生在通向目标的道路上受阻时，如经分析所追求的目标是现实的，就不要放弃，应战胜困难，实现目标。当行为主体由于自身条件或社会因素的限制，经多次努力达不到目标时，可调整目标或降低要求，改变行为方向，缓解心理上的冲突，增强勇气和信心，以达到更切合实际的新目标。

【案例】

面对IT行业一阵又一阵的裁员风暴，作为企业职员，面对裁员，是走开还是留下呢？马女士在洛杉矶一家IT公司任客户服务代表一职，当该公司着手整顿之际，她预感到自己所在部门将是裁撤重点，自己也有可能难逃"炒鱿鱼"的霉运。她并没有"坐以待毙"，开始约见其他部门的经理，向他们表述自己想转行的兴趣。几个月后，马女士成功地被调至公司的市场部。而与此同时，该公司位于洛杉矶的客户服务部被裁撤，120名客户代表"下岗"。马女士的经历说明，面对威胁，"不要像鸵鸟一样把头埋在沙子里"，裁员并不可怕，可怕的是面对裁员视而不见。

4. 合理宣泄法

大学生受挫后，会产生压抑、焦虑、愤怒和不安等消极情绪，这时应采取合适的方式，选择适宜的场合和形式宣泄受挫后的情绪，从而恢复理智感和心理平衡。宣泄的方式有倾诉、哭喊、运动、转移等。不论采取何种方式，都要以不损害他人、集体和社会的利益，合乎社会规范，不激化矛盾为原则。

5. 社会求助法

研究发现，社会支持可以降低压力和挫折对大学生的消极影响，并且减少压力与挫折导致疾病的发生率。因此，对于大学生而言，在面对压力与挫折时，主动寻求社会支持，如寻求感情、物质及信息方面的支持，这对减轻心理压力、降低压力与挫折对个体的消极影响是十分重要的。此外，接受心理咨询也是寻求社会支持的有效方式之一。

6. 自我放松法

大学生在面对压力和挫折时最常见的表现是心理和肌肉的紧张。因此，调适压力的一个重要策略就是要学会放松自己，让自己的身体或心理由紧张状态转向松弛，从而逐渐消除紧张。常用的放松方法有游泳、做操、散步、听音乐等。当压力和挫折不断涌现时，持续数分钟的放松，对缓解不良情绪的作用相当显著。另外，还可以学习一些帮助自己放松的应对压力技术，如深呼吸训练、静坐训练、肌肉放松训练等。

7. 丰富生活法

课余生活占大学生生活的四分之一。健康的课余生活可以愉悦身心、获得朋友、增进友谊、减少因压力与挫折导致的紧张感。丰富的课余生活如阅读书籍、报刊，参加各种活动，参加志愿者服务活动等，既锻炼了能力，拓宽了知识面，又在一定程度上增强了个体应对压力与挫折的信心和勇气。尤其是适当参加体育锻炼活动，可以使身体健壮、精力充沛、应对压力能力增强。

课堂实践

我的挫折清单

1. 请同学们用一张 A4 纸，写下你所遭遇的挫折，只要你认为是挫折就把它写下来。
2. 运用课堂所学应对方法进行审视和思考，请再看看你的挫折清单，你觉得那些挫折真的不可改变吗？真的很不顺利吗？
3. 请再看看你的挫折清单，你觉得有没有哪些可以画掉呢？为什么？

课后延伸

电影《阿甘正传》《肖申克的救赎》《幸福终点站》三选一写一篇500字左右的影评。

经典诵读

天将降大任于斯人也，必先苦其心志，劳其筋骨，饿其体肤，空乏其身，行拂乱其所为，所以动心忍性，增益其所不能。

【出处】《孟子·告子下》

【释义】上天将要降落重大责任在这样的人身上，一定要先使他的内心痛苦，使他的筋骨劳累，使他经受饥饿，以致身体消瘦，使他受贫困之苦，使他做的事颠倒错乱，总不如意，通过那些来使他的内心警觉，使他的性格坚定，增加他不具备的才能。

【解读】身处逆境之中，不仅仅是"劳其筋骨，饿其体肤"，在肉体上经历与"温室"中不同的体验；更有"苦其心志"，在精神上历经和"顺境"中迥异的磨砺："空乏其身"，使其无所依；"行拂乱其所为"，使其不知所措，无所适从；这一切的过程将达成一个结果，也是走出逆境的根本途径："所以动心忍性，增益其所不能"，自身的性情、智慧和能力将在这个过程中得到磨炼和提升。

第十五章

心 晴 向 阳

情绪是人内心世界的晴雨表，我们对生活的感受都体现在情绪中。几乎每个人的生活都受情绪的影响和控制，在一定程度上情绪左右了我们的生活和命运。如果我们能更关注那些不相干的痛苦事件所带来的意义，而不是痛苦本身，我们的人生中可能就会少一点痛苦。心如花木，向阳而生。

 课堂导读

【案例】

卡斯丁早上起床后洗漱时，随手将自己的高档手表放在洗漱台边，妻子怕被水淋湿了，就随手拿过去放在餐桌上。儿子起床后到餐桌上拿面包时，不小心将手表碰到地上摔坏了。卡斯丁心疼手表，就照儿子的屁股揍了一顿，然后黑着脸骂了妻子一通。妻子不服气，说是怕水把手表打湿，卡斯丁说他的手表是防水的。于是，二人猛烈地斗嘴起来。一气之下卡斯丁早餐也没有吃，直接开车去了公司，快到公司时突然记起忘了拿公文包，又立刻转回家。可是家中没人，妻子上班去了，儿子上学去了，卡斯丁钥匙留在公文包里，他进不了门，只好打电话向妻子要钥匙。妻子慌慌张张地往家赶时，撞翻了路边的水果摊，摊主拉住她不让她走，要她赔偿，她不得不赔了一笔钱才摆脱。待拿到公文包后，卡斯丁已迟到了15分钟，挨了上司一顿严厉批评，卡斯丁的心情坏到了极点。下班前又因一件小事，跟同事吵了一架。妻子也因早退被扣除当月全勤奖，儿子这天参加棒球赛，原本夺冠有望，却因心情不好发挥不佳，第一局就被淘汰了。

这个案例里，手表摔坏是其中的10%，后面一系列事情就是另外的90%。都是由于当事人没有很好地掌控那90%，才导致了这一天成为"闹心的一天"。试想，卡斯丁在那10%产生后，假如换一种反应，比如，他抚慰儿子："不要紧，儿子，手表摔坏了没事，我拿去修修就好了。"这样儿子高兴，妻子也高兴，他本身心情也好，那么随后的一切就不会发生了。可见，你控制不了前面的10%，但完全可以通过你的心态与行为决定剩余的90%。

第一节 什么是情绪

我们常说，人是感情的动物。这句话也许是为了强调人是生来就具有强烈感情的，但也

第十五章 心晴向阳

可以理解为动物并没有感情。这样说显然存在问题。情感也是构成我们自身人格特点的一个重要元素,它也无时无刻不影响着我们对于这个世界的认知。没有人能够摆脱情绪而存在,即使是自命为死理性派的人们,也会流泪、会欢喜、会着迷地向往着充满诱惑力的未知世界。

一、情绪的含义与状态

情绪是人对客观事物是否能够满足自己的需要而产生的一种体验。需要是情绪产生的基础和源泉。通常情况下,如果需要得到了满足,人们就会相应产生愉快、欢乐等积极情绪,引起他们肯定性的情绪体验。相反,当人的需要得不到满足时,就会产生烦恼、忧伤等消极情绪。

根据情绪发生的强度和持续时间的长短,可将人的情绪划分为心境、激情、应激等情绪状态。

(一)心境

心境是一种比较微弱而持久的情绪状态。这种情绪爆发的程度微弱,带有弥散性,当一个人处于某种心境时,会同时使周围的事物都染上同样的情绪色彩。积极心境使人振奋乐观、朝气蓬勃,消极心境使人颓丧悲观。高兴时觉得花欢草笑青山点头;悲伤时觉得心灰意冷,悲观绝望。

(二)激情

激情是一种持续时间短、表现剧烈、失去自我控制力的情绪状态,其特点是短暂性、爆发性。积极激情能激发人积极向上;消极激情会导致认识活动的范畴缩小,理智分析能力受抑制,自我控制能力减弱,就会做出一些破坏性的事情。

(三)应激

应激是指一种出乎意料的紧迫情况所引起的急速而高度紧张的情绪状态,表现为积极和消极两种状态。积极状态时,头脑清醒,思维敏捷,动作准确,能做出平时不能做出的动作,从而化险为夷,转危为安,及时摆脱困境;消极状态就是目瞪口呆,惊慌失措,语无伦次,使人出现不必要的行为。

二、情绪表现

情绪既是一个复杂的心理现象,也是一个复杂的生理过程,情绪变化的同时会伴有生理变化和表情等外部行为的表现。

(一)情绪的主观体验

情绪的主观体验指人主观上感觉到的情绪状态。情绪有十分独特的主观体验色彩,如受伤害时感到痛苦、需要得到满足时感到愉快、面临危险时感到恐惧、遭到侮辱时感到愤怒等。

(二)机体的变化

由于情绪刺激的作用,可以引起呼吸系统、循环系统、消化系统和外部腺体(汗腺、泪腺)与内分泌腺活动等一系列的变化,也可以引起代谢和肌肉组织的改变。因此,在人发生情绪时,内脏器官和内分泌腺体等都有一系列的生理变化。

【链接】

测谎仪

心理测试仪（测谎仪）依据人的血压、脉搏、呼吸、皮肤电阻等生理参量变化来判断其心理状况，是综合了心理学和生理学的基本原理以及电子学而形成的应用科学，其结果客观而可靠，为公安、检察、法院等司法部门办案现代化提供了科学而有效的技术手段。在审讯中，犯罪嫌疑人可能采取种种手段抗拒审讯，说谎则是他强烈生存愿望和自卫本能的一种最初和最基本的行为表现。此时既要说谎，又怕谎言被揭露，心理异常复杂，紧张、恐惧、慌乱等异常心理状态交织在一起，产生沉重的"心理压力"或"应激"反应。另外由于犯罪分子在实施犯罪过程中，心理异常紧张，他所感知的形象、体验的情绪和采取的行动（实施犯罪的环境、情节、侵害对象的痛苦表情、使用的凶器、工具以及犯罪结果等）都会在他的大脑中留下深刻的印记，甚至终生难忘。如果过后被人提起，对他都是一种强烈的刺激。用心理测试仪进行测试的过程中，当问及与案件有关的事项和犯罪情节时，犯罪嫌疑人必然会在心理和生理上产生异常反应，包括呼吸变化、心跳加快、血压升高、皮肤出汗等。不管他如何回答或保持缄默，由于这些反应都是受植物神经系统控制，一般不受人的意识控制，仪器将忠实记录下被测试人的血压、脉搏、呼吸、皮肤电阻等生理参量的变化，成为判定被测试人是否是犯罪嫌疑人的重要科学依据。

（三）表情表达

1. 面部表情

瑞典心理学家伯德斯德尔说，人脸可做出25 000种不同表情。面部表情是情绪表现的主要形式，是指眼、眉、嘴等的变化。例如：悲哀时眼、嘴下垂；哭泣时眼部肌肉收缩；愤怒时眼、嘴张大，毛发竖起；盛怒时横眉张目；困窘、羞愧时面红耳赤；等等。在面部表情中，以眼最为传神，眉开眼笑、暗送秋波都是从眼睛里传出去的。

2. 体态表情

美国戈登·修易斯指出，人体大约可做出1 000种平稳的姿态。人体的各种不同姿态组合都会有不同的内容。例如：骄傲时昂首阔步、趾高气扬，惧怕时手足无措，害羞时扭扭捏捏。一个人歪着头听你讲话，可能是欣赏的态度，左顾右盼是不诚心的态度，摇头晃脑是心不在焉或不耐烦的态度。每一个姿态都有内在的含义，都在表达情感。

3. 言语表情

研究表明，言语表情所传达的情绪信息比言语本身更多。例如：愤怒时声音高、尖且有颤抖；喜悦时音调、速度较快，言语高低差别较大；悲哀时语调低沉、言语缓慢、语言间断。

三、影响情绪的主要因素

（一）生理因素

由于情绪是一种涉及全身各个系统的整体激活的反应状态，因而它有着极其广泛的生理基础或物质的基础。情绪过程与自主神经有联系，人在情绪状态下，其心率、血压、呼吸的快慢程度、胃肠蠕动的频率及强度、血糖的浓度、血管的收缩与舒张活动、瞳孔的大小、汗腺的分泌及皮肤电阻等，都会发生不同程度和不同方式的变化；情绪过程也与内分泌腺有联系，内分泌腺的活动还涉及糖、脂肪的代谢活动，为情绪活动提供了必要的能量。

（二）心理因素

知识经验、认知方式、情感成熟水平、意志品质和个性特点等心理因素都会对情绪变化发挥作用。例如：容易陷入情绪困惑中的人，其心理特点通常会表现出情绪特征方面不稳定、好冲动、易暴、易怒或者消沉、冷漠、郁郁寡欢；意志特征方面固执、刻板、任性、胆怯、优柔寡断、缺乏自制力，遇到困难过分紧张不安，经受不住挫折、不易摆脱内心矛盾；自我意识特征方面过分自尊或缺乏自信、自贱自卑；社交特征方面孤僻、自我封闭、敏感、多疑、心胸狭窄、好嫉妒。

（三）环境因素

环境因素包括家庭、学校和社会三方面。家庭内的影响有家庭结构、家庭气氛、父母关系及教养方式等。许多研究表明，家庭结构稳定、家庭气氛融洽和谐、父母情绪稳定、民主型的教养方式等均有利于儿童、青少年情绪的健康发展；而家庭压力过大，气氛紧张或淡漠，教养方式不当，过于溺爱、严厉或漠视，都可能使青少年适应不良，产生情绪困扰。学校环境包括教育方式、学习压力、人际关系、教师身心健康状况等因素。学校环境中人际关系的紧张、繁重的学习压力、单调的教育方法，以及教师的人格缺陷、不当的教育方式等都会引起大学生的情绪问题。社会环境包括社会文化背景、社会变革、社会的经济政治文化条件等。

课堂思考

（1）请你认真思考，写下自己的5个优点，写完之后默念3遍，然后闭上眼睛，在心中再认真默念3遍。

（2）睁开眼睛，伸出双手请坐在身边的同学压一压，细心体会用力的大小及内心感受。

（3）再认真思考，写下自己的5个缺点，写完之后，用心默念3遍，然后闭上眼睛，在心中再认真默念3遍。

（4）睁开眼睛，伸出双手再请刚才的那个同学压一压，看看有什么感觉，细心体会一下两次压手的用力程度是否一样。

第二节　常见的情绪困扰

爱因斯坦说过："如果我有一个小时去解决问题，我会花55分钟时间去思考问题，然后剩余的5分钟去思考解决办法。"这句话是有道理的，很多人在一遇到问题之后就会立刻想要去解决，而没有完整分析问题的本身，了解发生的背景。我们可能会在情绪上过度反应或者崩溃，使得完全没有办法去解决问题。这只会浪费时间和精力，也只会导致新的或者更大的问题。

一、大学生常见的情绪困扰

（一）焦虑

焦虑是个体对可能造成心理冲突或挫折的某种事物或情境进行反应时的一种不安情绪，

并伴有忧虑、烦恼、害怕、紧张等感受交织而成的复杂的情绪体验。无谓的或过分的担忧是焦虑的实质。焦虑潜移默化地影响一个人的精神状态、认知、行为和身体状况。被焦虑所困扰的大学生常出现烦躁不安、思维受阻、出汗、失眠等现象。大学生在学习、交友、恋爱、就业、社会适应等方面遇到的问题很多，主要表现在适应困难焦虑、考试焦虑、对身体状况的焦虑等。焦虑在大学生这个群体中的发生率偏高。适度的焦虑有利于人自我能力的发挥。只有当焦虑十分严重，影响学习和生活时，才成为情绪困扰。具体来说，大学生的焦虑主要有：一是适应焦虑。指大学生因学习、生活适应困难产生的焦虑。这是低年级大学生中比较常见的情况。生活环境和学习方式的转变，造成他们对新环境、新的学习生活难以很快适应，因而引发各种焦虑反应。二是考试焦虑。这是大学生中较常见的焦虑情绪表现，是一种由于担心考试失败或渴望获得好成绩而产生的一种忧虑、紧张的心理状态。三是身体状况焦虑。大学生因学习紧张，可能使健康暂时下降，出现如疲倦、失眠等躯体化症状时而产生焦虑情绪；过分关注自己的健康状况的学生也会因为偶然的身体不适而怀疑自己身体有病，焦虑不安；或过分担心自己的形象不够理想，体态过胖或矮小，进而引起焦虑。

（二）抑郁

抑郁是大学生中常见的情绪问题，是一种感到无力应付外界压力而产生的消极情绪。情绪抑郁的大学生主要表现为：情绪低落、思维迟缓、郁郁寡欢、闷闷不乐、兴趣丧失、缺乏活力，干什么都打不起精神；不愿参加社交，故意回避熟人，对生活缺乏信心，体验不到生活的快乐；伴有食欲减退、失眠等。长期的抑郁会使人的身心受到严重损害，使大学生无法有效地学习和生活。性格内向孤僻、多疑多虑、不爱交际、生活中遭遇意外的挫折、长期努力得不到回报的人更容易陷入抑郁状态。

（三）自卑

自卑是自我情绪体验的一种形式，是个体由于某种生理或心理上的缺陷或其他原因所产生的对自我认识的态度体验，表现为对自己的能力或品质评价过低，轻视自己或看不起自己，担心失去他人尊重的心理状态，同时可伴有一些特殊的情绪体验，诸如害羞、不安、内疚、忧郁、失望等。

（四）冷漠

情绪冷漠的大学生主要表现为：对学习漠然置之，听课昏昏欲睡，对成绩好坏满不在乎，对集体漠不关心，对同学冷漠无情，对环境无动于衷。

（五）易怒

发怒是大学生中常见的一种消极情绪。心理研究指出，人的愤怒按其程度可以分为9个梯级：①不满；②气愤；③愠；④怒；⑤愤怒；⑥激愤；⑦大怒；⑧暴怒；⑨狂怒。随着梯级数的不断增加，发脾气的情绪会越来越大，而自制力则会越来越差，理智几乎完全丧失。发怒会使人丧失理智、阻塞思维、导致损物、伤人，甚至犯罪等许多失去理智的行为。大学生中一些违纪事件，大多是在发怒的情绪下发生的。

二、大学生健康情绪的表现

（一）能够积极适应环境

情绪获得健康发展的大学生，不仅能够积极适应熟悉的环境，而且勇于开辟新环境，乐于接受新环境，并且能很快适应陌生的环境。相反，情绪得不到健康发展的大学生，虽然能适应熟悉的环境，但往往依赖环境，是环境的被动承受者，而不是能动的参与者、改造者。

（二）能够有效地进行学习和工作

情绪获得健康发展的大学生，总是乐于从事学习、工作和其他实践活动，能够胜任一定的角色，完成一定的任务，并逐步提高效率。他们能够从实际条件出发，确定切实可行的活动目的，选择相应的活动方式，达到活动目标；他们能够在活动中充分发挥出自己的身心潜能，表现出不可压抑的主动性和积极性，并以此自我满足。

（三）能够正确评价自我

情绪获得健康发展的大学生，自我意识也会得到较好的发展。他们不仅形成和确立了自我形象，而且对自我评价已经具有了一定的客观性和稳定性；他们对自己的认识比较符合自己的历史和现实，同时，他们的自我形象又是可塑的，会随着别人的评价、自我认识的深化而调整和改变，从而使它更适应环境的要求。

（四）能够保持良好、稳定的情绪状态

情绪获得健康发展的大学生，有良好的心境和积极的情绪状态，总以积极、欢愉、乐观向上的情绪为基调，而少有消极、苦恼、忧郁、暴怒的情绪表现。他们能战胜恶劣的心境，摆脱过度紧张的情绪和消极情绪的困扰，能控制情绪性质、情绪强度和表情方式，能适应客观情绪的要求，因而他们不是自己情绪的奴仆，而是自己情绪的主人。

（五）能够建立良好的人际关系

情绪获得健康发展的大学生，与父母、教师、同学、朋友容易建立并发展亲密融洽的关系。他们喜欢与别人交往，能够正确地理解别人的思想感情，容易接受别人、学习别人的优点和长处；他们能同情、关心、帮助别人，与朋友同甘共苦，因而能够被别人所喜欢和接受，对别人具有较强的吸引力。

课堂思考

请你回顾成长经历，想一想，负面情绪是不是总带来负面的结果呢？你从中有哪些收获？

第三节　情绪管理方法

"情绪管理"即是以最恰当的方式来表达情绪，如同亚里士多德所言："任何人都会生气，这没什么难的，但要能适时适所，以适当方式对适当的对象恰如其分地生气，可就难上加难。"据此，情绪管理指的是要适时适所，对适当对象恰如其分地表达情绪。情绪管理是一门学问，也是一种艺术，要掌控得恰到好处。因此要成为情绪的主人，必先觉察自我的情绪，并能觉察他人的情绪，进而能管理自我情绪，尤其要经常保持明媚的心情面对人生。

一、情绪管理三部曲

第一，体察自己真正的情绪。

要想管理自己的情绪，首先要清楚了解自己的情绪状态，时时提醒自己注意："我现在的情绪是什么？""因为什么？""有没有必要这样？"我们往往会随着外在事件的变化而产生各种情绪，但这时不管处于何种情绪中，我们都应该先停一下，摆脱出来，冷静地去体会、感觉自己的情绪，将它理清楚。

第二，适当表达自己的情绪。

许多人认为"人不应该有情绪"，因而不肯承认自己有负面的情绪，并使劲压抑这些情绪的宣泄。其实，这样反而会带来更不好的结果，我们应该学会适当地表达自己的内心反应，使不良情绪得到正确疏导。

大学生由于情绪表达不当而造成的问题比比皆是，最常见的是在宿舍中和舍友交往时因情绪表达不当，造成人际关系紧张；因学习或某方面能力不如别人而自卑，长期压抑产生抑郁。此外，由于情绪失控造成的悲剧也常在大学校园中出现。

有人把人的心理比喻成一个气球，在日常生活中，我们经常把一些欲望、冲动、需要等压进这个气球，于是气球越来越大，当压到一定程度时，我们就会觉得内心的压力太大了，气球就要爆炸。因此，需要提高自身情绪管理的能力以维护心理平衡。

第三，以适宜的方式调控情绪。

二、常见的情绪管理方法

（一）合理的情绪宣泄

以不恰当的方式发泄情绪，其后果往往很严重，不仅不利于问题的解决，反而会引发新的问题。情绪宣泄既不能损害其他人的利益，也要避免对自己造成更大伤害，如把怒气憋在心里、借助药物、喝酒抽烟、疯狂购物、暴饮暴食、自残、自伤甚至自杀等。一旦产生不良情绪体验，就要勇敢地正视它，并为自己找到一个合适的宣泄方法。适当的情绪宣泄方法是指当大学生处于较激烈的情绪状态时，应以社会可以允许的方式直接或者间接地表达其情绪体验。简而言之，就是高兴就笑，伤心就哭。实践表明，坦率地表达内心的愤怒、苦闷和抑郁情绪，心情会变得舒畅些，压力会减少一些，与情绪体验同步产生的生理改变也将较快地恢复正常。合理的情绪宣泄方法诸如：

1. 倾诉

（1）找人倾诉。即向师友亲人诉说心中的烦恼和忧虑，一定要找一个能理解你的人，因为听别人发牢骚毕竟不是一件愉快的事。一个轻松的朋友将使你轻松，一个紧张的人将使你紧张，一个自然的人将使你自然，一个好的朋友会接纳和包容，帮助我们用一种建设性的态度去看待我们所遭遇的一切。

（2）写日记。美国总统林肯就使用这种办法发泄心中的怒气，当他在外面受了别人的气，回家就写一封骂对方的信。第二天，家人要为他发信，他却说："写信时我已经出了气，何必把它发出去惹是非？"

（3）自言自语。《皇帝长了驴耳朵》的故事中，理发师看见皇帝长了驴耳朵，怕说出去会招来杀身之祸，但憋在心里又非常痛苦，后来想出一个两全之计——在地上挖了一个大洞，每天对着洞喊几声"皇帝长着驴耳朵"，发泄出去了，心理就平衡了。

2. 哭泣

美国学者对几百名男女分别研究后发现：在他们痛快地哭过后，自我感觉都比哭之前好了许多，其健康状态也有所增进。更进一步的研究发现，人们在情绪压抑时，会产生某些对人体有害的生物活性成分。哭泣后，情绪强度一般可减低40%，而那些不爱哭泣，没有利用眼泪消除情绪压力的人，其结果是影响了身体健康，并促使某些疾病恶化，比如结肠炎、胃溃疡等疾痛就与情绪压抑有关。悲伤时流出的眼泪，含有更多的荷尔蒙等，人们遇到悲伤的事情时，如果能放声痛哭一场，流泪后的心情往往会好受许多，这是由于悲伤引起的毒素通过眼泪已得到排泄之故。

3. 寻找替代物

寻找替代物就是把不良情绪发泄到没有生命的物体上，如击打沙袋，捏皮球，到发泄室摔、砸东西等。

（二）恰当的认知调节

【案例】

有一个年轻人失恋了，一直摆脱不了事实的打击，情绪低落，已经影响到了他的正常生活，他没办法专心工作，头脑中一直想的就是前女友的薄情寡义。他认为自己在感情上付出了，却没有收到回报，自己很傻很不幸。于是，他找到了心理医生。

心理医生告诉他，其实他的处境并没有那么糟，只是他把自己想象得太糟糕了。在给他做了放松训练，减少了他的紧张情绪之后，心理医生给他举了个例子："假如有一天，你到公园的长凳上休息，把你最心爱的一本书放在长凳上，这时候走来一个人，径直走过来，坐在椅子上，把你的书压坏了。对此，你会怎么想？"

"我一定很气愤，他怎么可以这样随便损坏别人的东西呢？太没有礼貌了！"年轻人说。"那我现在告诉你，他是个盲人，你又会怎么想呢？"心理医生耐心地继续问。"哦，原来是个盲人。他肯定不知道长凳上放有东西！"年轻人摸摸头，想了一下，接着说，"谢天谢地，好在只是放了一本书，要是油漆，或是什么尖锐的东西，他就惨了！""那你还会对他愤怒吗？"心理医生问。"当然不会，他是不小心才压坏的嘛，盲人也很不容易的。我甚至有些同情他了。"

心理医生会心一笑："同样的一件事情——他压坏了你的书，但是前后你的情绪反应却截然不同。你知道是为什么吗？""可能是因为我对事情的看法不同吧！"对事情不同的看法，能引起自身不同的情绪。很显然，让我们难过和痛苦的，不是事件本身，而是对事情的不正确的解释和评价。这就是心理学上的情绪ABC理论的观点。

情绪ABC理论中，A表示诱发事件；B表示个体针对此诱发事件产生的一些信念，即对这件事的看法和解释；C表示个体产生的情绪和行为结果。通常人们会认为诱发事件A直接导致了人的情绪和行为结果C，发生了什么事就引起了什么情绪体验。然而，同一件事，人们的看法不同，情绪体验也不同。

情绪ABC理论示意

比如，同样是失恋了，有的人放得下，认为未必不是一件好事，而有的人却伤心欲绝，认为自己今生可能都不会有爱了。再比如，在找工作面试失败后，有的人可能会认为，这次面试只是试一试，不过也没关系，下次可以再来。有的人则可能会想：我精心准备了那么长时间，竟然没通过，是不是我太笨了？我还有什么用啊？人家会怎么评价我？这两类人因为对事情的评价不同，他们的情绪体验当然不同。

对于上面这个失恋的年轻人来说，失恋只是一个诱发事件A，结果C是他情绪低落，生活受到影响，无法专心工作；而导致这个结果的，正是他的认知B——他认为自己付出了一定要收到对方的回报，自己太傻了，太不幸了。假如他换个想法——她这样不懂爱的女孩不值得自己去珍惜，现在她离开可能避免了以后她对自己造成更大的伤害，那么他的情绪体验显然就不会像现在这么糟糕。

那我们在现实生活中该如何去运用情绪ABC理论呢？请看下图：

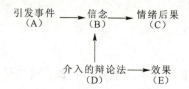

情绪ABC理论运用示意

A. 引发事件，即存在事实。

B. 信念体系，即对于A的内在语言。

C. B所引起的情绪和行为的结果，即对A的情绪反应。

D. 驳斥想法，即对B的质问。

E. 驳斥效果，即对A的新想法。

在日常生活中人们常常倾向于将自己或他人的不良情绪归因于客观事件，却忽视了真正起作用的内心信念。例如，一名未考上重点大学的学生表现出消沉、沮丧、绝望。他的这些消极情绪反应往往被认为是由未考上重点大学这一客观事件引起的。其实不然。根据艾利斯的理性情绪治疗理论，这名学生的消极情绪是因为他在看待自己未考上重点大学这件事上选择了非理性信念。他可能认为自己怀才不遇，认为没有考上重点大学就是没有出息，自己的前途被断送了，会被别人看不起等。因此，如果能帮助学生找出并改变不合理信念，就能协助他形成一个较实际、开通和合理的人生态度。

（三）良好的社会支持系统

日常生活中我们无时无刻不在与他人进行着社会交往，同时也从他人那里获得支持，使内心不再感到孤独和无助，减轻各种应激事件对身心健康所造成的消极影响。一般来说，社会支持包括三类：首先是来自亲人的支持。父母、兄弟、姐妹、亲属等的支持，是个体最基本、最重要的社会支持源泉。其次是来自朋友的支持。尤其是大学生，离家在外，远离亲人，当遇到不快时，周围的知心朋友会提供最及时有效的帮助。最后是来自社会的支持，包括社会团体、社区等。

随着社会的发展，心理咨询已逐步走进人们的生活。高校都设有心理咨询中心，为广大师生免费提供心理咨询服务。通过社会支持系统可以获得倾诉的对象，情绪低落的人向他人倾诉苦恼之后，会有轻松解脱的感觉，大学生应该经常主动自觉地利用好这种情绪调控手段；别人的视角和思路有助于帮助当事人走出个人习惯的思维模式，重新评价困境，寻找新的出路；更重要的是社会工作者和心理医生可以提供专业性的意见和建议，运用心理学手段和方法帮助大学生更有效地解除情绪障碍。

请用合理情绪理论分析自己的一次负性事件：
A. 发生了什么事？
B. 当时有什么想法？
C. 是怎样的情绪反应？
D. 对"当时想法"进行辩论。"想法"对吗？证据是什么？按当时的想法去做的最大好处是什么？最大坏处是什么？
E. 若再来一次，现在我会怎样处理，会说些什么，会做些什么，感觉如何？

 经典诵读

菩提本无树，明镜亦非台。本来无一物，何处惹尘埃！
【出处】唐·惠能《菩提偈》
【释义】世上本来没有菩提树，因佛在此树下觉悟而得名菩提。心中的觉悟也是无形的，并没有什么明镜台。世上一切皆是幻象，本来什么也没有，自然也不会有所谓的尘埃。
【解读】佛家讲究万物在心，追求修世；道家讲究无牵无挂，追求避世。佛家想超脱今世，道家则是修行今世，而追究其原理来说都是一种修行，而最终追求的是一种超脱，却不是刻意执着，主旨在于要时时刻刻地去照顾自己的心灵和心境。

第十六章

爱 的 艺 术

给"爱情"下一个定义，显然不是件容易的事情。没有一种模式可以归纳所有的爱情。一个人已经很复杂，何况爱是两个人的互动。爱情如数学中的排列组合，换了对象，便可能千差万别。每一对不同组合的恋人都可以合奏出不同的旋律，有的柔美，有的激昂，有的甜蜜，有的哀怨，有时飞流直下，有时柳暗花明。爱是那么捉摸不透，所以爱情需要学习，也需要实践，没有人生来就懂爱，如同没有父母生来就会教养孩子。

第一节 了解爱情

爱情是什么，一千个人有一千种答案。可能是你我相遇时的那抹夕阳，可能是无助时你给我的一点希望，可能是情侣间肉体的契合，可能是热辣如火后携手同行的平淡时光……但爱情远不如我们认知中的那么简单，从最开始的"来电""暧昧"到"心心相印""难舍难分"都受到个人生理、心理以及社会文化等多方面因素的影响，对人类社会的发展和繁衍具有重要意义。

一、什么是爱情

在不同时期，人们对爱情的理解是不一样的，我国伦理学家罗国杰提出：爱情是指在一定社会经济文化状态下，异性之间以共同的生活理想为基础，以平等互爱和自愿承担责任和义务为前提，以渴求结为终身伴侣为目的，而按照一定的道德标准自主结成的一种具有排他性和持久性的特殊社会关系。保加利亚的瓦西列夫认为，爱情是在传宗接代的本能基础上产生于男女之间，使人能获得特别强烈的肉体和精神享受的这种结合的互相倾慕的交往之情。王崇焕认为，爱情是一对男女基于一定的社会关系和共同的生活理想，在各自内心形成的对对方最深挚的倾慕，并渴望结成终身伴侣的最强烈的感情。综合以上观点，我们认为，爱情是异性之间一种最强烈的人际吸引，是身心成熟到一定程度的个体对异性个体产生的具有浪漫色彩的一种高级情感。

二、爱情三角理论

爱情三角理论是美国心理学家斯滕伯格（Sternberg）提出的，是目前一个非常重要且为人熟知的爱情理论。斯滕伯格认为爱情包括三种成分：亲密（intimacy）、激情（passion）和承诺（commitment）。因此，爱情三角理论又称爱情成分理论。亲密（intimacy）指的是两个人心理上互相喜欢，心灵相近，互相归属的感觉，包括对恋人的赞赏、照顾恋人的愿望、自我展露和内心沟通，属于爱情的情感成分。亲密产生于人与人之间强有力的、频繁的和方式多样的联系中，自我表露和亲密交流尤为重要。激情（passion）是指强烈地渴望跟对方在一起的状态，是与"性"相关的动机驱力，是促使关系产生浪漫和外在吸引力的动机，属于爱情的动机成分。承诺（commitment）是指自己愿意与所爱之人保持并主动维持情感。它包括短期和长期两个部分，短期部分是指"决定"去爱一个人，长期部分是指对两人之间亲密关系所做的持久性承诺，属于爱情的认知成分。斯滕伯格认为不同的爱情可以表示为不同大小的三角形。三角形的形状代表爱情三种成分之间的关系，三角形面积的大小代表爱情的质与量，"三角形面积越大，爱情就越丰富"。

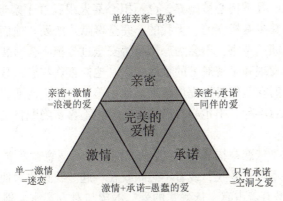

罗伯特·斯滕伯格爱情三角形理论

根据亲密、激情和承诺三大要素，可以组成八种不同类型的爱情。

（1）无爱（nonlove）。亲密、激情、承诺三个因素都不具备。

（2）喜欢（liking）。只有亲密成分。在一起很温馨也很舒服，但是没有激情，也没有厮守终生的承诺，例如友谊。

（3）速走之爱（infatuated love）。只有激情成分。对方对自己强烈的吸引力更多来自性的吸引，没有亲密和承诺。一见钟情的刹那就是激情占主导地位，是一种本能的反应。

（4）空洞之爱（empty love）。只有承诺成分。我们常说的"父母之命，媒妁之言"就是这类爱情，只有一纸婚约，却缺乏心灵契合和必要的激情。

（5）浪漫之爱（romantic love）。有亲密成分和激情成分，没有承诺成分。这种爱情崇尚过程，不在乎结果。就像我们说的"只在乎曾经拥有，不在乎天长地久"。

（6）伴侣之爱（companionate love）。有亲密成分和承诺成分，缺乏激情成分。这样的爱情因责任而维持，双方心灵契合，缺乏激情四射。多年夫妻"左手握右手"的平淡爱情就属于这类。

（7）愚昧之爱（fatuous love）。只有激情成分和承诺成分，没有亲密成分。没有亲密的承诺是空头支票，没有亲密的激情是纯生理的冲动。

（8）完美之爱（consummate love）。同时具备三要素，包含激情、承诺和亲密。这一类爱情堪称完美。如弗洛姆在《爱的艺术》中所述：不成熟的爱是因为我需要你，所以我爱你。成熟的爱是因为我爱你，所以我需要你。

三、爱情依恋理论

（一）依恋类型

哈桑（Hasan）和谢武（Shaver）认为，成人伴侣间出现的情感纽带，以及在婴儿和照料者之间出现的情感纽带，都是依恋行为这个动机系统所导致的。成人依恋也有三种类型，分布与在婴儿中所观察到的相一致，即安全型占60%左右、回避型占20%左右、焦虑型占20%左右。后来，巴塞洛缪（Bartholomew）以焦虑感和回避感为维度，将成人依恋分为四个区间。我们来看看三类主要的成人依恋。

安全型依恋。安全型依恋被描述为："我发现接近别人比较容易，对于依赖他们和让他们依赖我，我都不反感。我不担心被抛弃，也不担心某人跟我过于亲近。"安全依恋型的人有浪漫和热情的爱，而较少有极端的、无我的、完全奉献式的爱。他们具有高安全感和人际信任，乐于享受情侣之间的亲密，不会为恋情是否安全过分担心，对恋人满怀爱意并能准确表达自己的情感，善于发现和了解对方的情绪变化。他们喜欢与恋人分享自己的成功和所遇到的问题，在对方需要时在他们身边提供帮助。他们善于与伴侣沟通，在发生争吵时，会选择适当的妥协。他们愿意奉献，不担心自己依附对方，不喜欢隐藏自己的真实想法，与恋人的关系稳定且相互支持。

焦虑型依恋。焦虑型依恋被描述为："我发现别人并不愿意像我希望的那样亲近我。我经常担心，我的情侣并不真正爱我，或者不想跟我在一起。我想要跟他十分亲近，而这有时会把他吓跑。"这种类型有着占有、依赖式的爱，渴望与对方亲密，但又担心被抛弃、担心对方的不忠。他们因对方情绪的微小波动而变得非常敏感，用自己的想法去揣测和分析对方。因为对方不在自己的视线范围内而焦虑，通过不断确认，如频繁地打电话、发信息等行为来表达焦虑，表现出一种爱恨交织、相爱相杀的状态。尽管可能在恋爱关系中陷得很深，却较难建立长久稳定的亲密关系。

回避型依恋。回避型依恋被描述为："我对于亲近别人觉得有些不舒服。我发现很难完全信任他们，很难让自己依赖他们。有人对我过于亲近时我会紧张，并且别人总是想要跟我更加亲近，这让我觉得不舒服。"这种类型的人认为在亲密关系中保持独立非常重要，对独立的重视程度超出了情侣间的亲密程度。他们与身边重要人物难以建立亲密和信任关系，在爱情关系中过度的亲密会让他们感到不舒服，因而选择与恋人保持一定距离，不允许自己依附恋人。交往中不愿意付出，失去时也极少悲伤，不会明确表达自己的想法和意图，总担心被拒绝，往往不愿意敞开心扉，显得比较冷漠和隔离，难以与人建立亲密关系。

不同依恋类型的成人在描述他们与家庭成员的关系时也表现出差异：安全型比另外两种类型更倾向于描述他们与父母之间的积极关系以及一个温暖、信任的家庭环境；焦虑型很少回忆起父母的支持；回避型所描述家庭成员的关系是不信任的和情感淡漠的。这也再次表明，母婴关系延续下来的依恋模式对成人亲密关系有重要影响。

（二）依恋如何影响恋爱？

通常来说，在挑选恋人时我们应该会选择对自己的需求特别关注、回应特别及时的异性。但1997年一个研究证明，不是所有的成年人都会选择安全型依恋关系的恋爱对象。微信公众号 Know Yourself 的一篇文章提出："我们往往会选择这样的人：这些人能够再一次确认我们已存在的、对亲密关系的信念。我们会不由自主地寻求我们已经熟悉的依恋模式。在婴儿时期因为父母的照顾方式培养出不安全的依恋类型的人，总是会下意识地找到那些会让他们重复体验不安全依恋感觉的人。"所以，糟糕的恋爱经历往往会一再重复，也就是强迫性重复。固有的依恋模式不会永远不变，将被新的经历和体验慢慢更新和改写，某种情况下甚至被完全"重写"。即使是焦虑型依恋类型的人，如果遇到安全型的伴侣，也会慢慢获得安全感，所以有人说"伴侣是最好的心理咨询师"。确实，恋人在重塑安全感、重塑依恋关系中起到重要作用，尤其是持续五年以上稳定的情侣或夫妻关系。虽然大多数情况下，最初的依恋模式在我们一生中或多或少发挥着作用，但如果有一个合适的恋人或伴侣，确实也能重新形成安全型的依恋。

 课堂思考

你知道自己属于哪种依恋类型吗？

第二节　正确恋爱观的树立

恋爱是大学的必修课，但恋爱绝不是大学的全部课程。正确处理好恋爱、学业之间的关系，让爱情也能对学业起到催化作用。摆正爱情与学业的关系，不要把宝贵的时间全部用于爱情上而放松了学习。没有学业的爱情如同在沙漠中播种，缺乏坚实的根基和土壤，迟早会枯萎。只有爱情与学业结合，爱情才有旺盛和持久的生命力。

一、爱不是相互凝望，而是共同望向同一个方向

【案例】

你见过最美的爱情是什么样子？

这对高校情侣就是这样。

他们在两所不同大学，晚上只能通过视频来缓解相思。如果你认为他们是开视频聊天，那你就错了。

两个人静静无言，埋头做功课，偶尔抬头看看对方，然后又埋头继续学习。

什么是最美的爱情？这就是最美的爱情。他们互相不打扰，并不代表不能拥有对方。他们是有信念的人，不管大学四年后还能不能继续，至少在当下，他们给了彼此安慰，给了彼此最好的爱情。

二、恋爱之前先学会爱自己

德意志神秘主义哲学家和神学家爱克哈特有一句格言："你若爱自己，那就会爱所有的人如爱自己，你若对一个人的爱少于爱自己，你就无法真正爱自己。"弗洛姆在《爱的艺术》中阐述自爱不是"自私"，自爱是爱他人的基础。对自己的生活、幸福、成长以及自由的肯定是以爱的能力为基础的，这就是说，看你有没有能力关怀人、尊重人、有无责任心和

是否了解人。如果一个人有能力创造性地爱，那他必然也爱自己，但如果他只爱别人，那他就是没有能力爱。那么，怎样才能爱自己呢？

（一）正确的自我认知

包括接纳自己的外貌、性格、气质、能力，也包括接纳我们的原生家庭，建立积极的自我概念，促进生理自我、心理自我与社会自我的和谐统一。一个自爱的人是自知的，一个心理成熟的人是能够自然和坦然地表达自我的。自爱是要成为你自己，而非通过爱情变成他人。

爱情确定会使一个人发生改变，而这种改变源于"我愿意为你改变"，通过恋爱发现"我是谁""我到底想要得到什么""谁是那个合适的人"。恋爱中的双方都要积极关注恋爱中的自我，这个恋爱是将你自己变得更好、得到成长还是一直停在原处？甚至出现退行？事实上热恋中男女都会将恋人"理想化"，特别容易放大热恋中快乐与痛苦的心理感受。当一个人处于热恋中时，会认为自己是世界上最幸福的人，而失恋后便认为自己是世界上最痛苦的人。

固然，恋爱双方强烈而丰富、敏感而不稳定的感情并非异常，但如果陷入情感的幻想中，自我判断、自我评价与自我意识都会发生偏差。有的人因为恋爱失去了自我，有的人因为恋爱更加自恋，有的人因为恋爱更加成熟，其中的差异在于个体对自我的认知。

（二）珍惜自己的感情

爱自己要学会珍惜自己的感情，尊重自己的感情。在恋爱之前，我们要想好要不要开始这段恋爱，要用一种良好的态度对待恋爱。在我们身边，有许多不珍惜感情的表现：有的人因为恋爱而放纵自己的感情，仅仅为了满足自己生理与心理甚至物质的需求，用青春与爱情赌明天；还有的人因为寂寞而恋爱。如果仅仅因为"寂寞""从众"就开始一段感情，是对自己的不负责任，也对另一半不公平。

（三）要学会拒绝

要学会说"不"，对不爱说"不"。特别是在热恋时，要控制感情的温度。对明知道不合适的恋情一定要学会拒绝，这样不仅是对自己的保护，也是对对方的尊重，更是对感情的尊重。与其勉强和别人开始一段并不美好的恋情，不如花时间好好经营自己，让自己变得更加优秀。

（四）对自己负责

爱自己也要对自己负责。恋爱不是为了让我们放弃自我，而是让我们学会更加负责地生活。一个人只有本着对自己高度负责的态度学习、生活，才能处理好恋爱中的自我与他人，现在与未来，学业、工作与爱情等方面的关系。

 课堂思考

有个男人叫 M，他要过河去和未婚妻 F 相会结婚，但两人一河相隔，M 必须要借船过河才能见到 F，于是他开始四处找船。

这时见一个女子 L 刚好有船，M 跟 L 借，L 遇到 M 后爱上了他，就问：我爱上你了，你爱我吗？M 比较诚实，说："对不起，我有未婚妻，我不能爱你。"这么一来，L 死活是不把船借给 M。她的理由是：我爱你，你不爱我，这不公平，我不会借船给你的！

M很沮丧,继续找船,刚好见一位叫S的女子,就向她借船,S说:"我借给你没问题,但有个条件,我很喜欢你,你是不是喜欢我无所谓,但你必须留下陪我一晚,不然我不借你。"M很为难,L不借他船,S如果再不借他的话就过不去河与F相见了,据说这个地方只有这两条船。为了彼岸的未婚妻,他不得不同意了S的要求,与S有了一夜情。次日,S遵守承诺把船借给了M。

见到未婚妻F后,M一直心里有事,考虑了很久,终于决定把向L和S借船的故事跟F说了。可惜,F听了非常伤心,一气之下与M分了手,她觉得M不忠,不能原谅。F失恋了,很受打击。

这时他的生活里出现了位女子E,两人也开始恋爱了,但之前的故事一直让他耿耿于怀,E问M是不是有什么话要跟她说,于是,M一五一十地把他和L、S、F之间的故事讲了一遍。E听了后,说:"我不会介意的,这些跟我没关系。"

问题:请你把这几个人排列个次序,标准是你认为谁最好,谁第二,谁第三、第四、第五?这个M男也算在内。

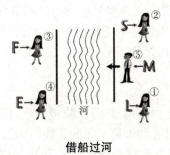

借船过河

第三节 爱的艺术

每一个人都渴望谈一场不分手的恋爱,希望将爱情进行到底。但现实中相爱容易相守难,相遇太美相处难。弗洛姆在《爱的艺术》中这样写道:"世界上没有任何一项行动或行为像爱情那样以如此巨大的希望和期望开始,又会以如此高比例的失败而告终。"爱情没那么简单,爱情也是一门学问,让人在其中获得成长。

一、表达爱

曾经的你是否有过说不出口的暗恋,在此去经年后懊恼自己当初的不勇敢?很多人的感情之所以出师未捷身先死,就是败在了告白这个环节。告白需要时机、条件和方法,外加点勇气。当双方有了一定的接触和了解,此时出击的成功概率远胜于第一面吐露心声。若感觉对方关心、爱护你但又羞怯和内敛时,不妨换成你来大胆说爱,给彼此确定的信号。当对方遇到困难和挫折时,如果能始终如一地站他或她的身边,送上倾听的耳朵或是依靠的肩膀,那么此时的告白相当具有杀伤力。告白只是万里长征第一步。恋爱过程需要始终如一地表达爱。即使不像外国人一样常把"I love you"挂在嘴边,也可以采用其他方法让对方感受"爱的存在"。有人擅长说,有人擅长写,有人擅长"买买买",还有人擅长无微不至地照顾。总之表达爱的时候,对方喜欢和需要的方式就是最合适的。

二、迎接爱

大学生要具有迎接爱的能力，就应懂得爱是什么，有健康的恋爱价值观；就应知道自己喜欢什么、需要什么、适合什么；就应对自己、对他人、对万事保持敏感和热情；就应主动关心他人、热爱他人；就应在生活的"所有领域里都能保持主动性"；就应有一种健康心理，能坦然地表达爱或接受爱，能承受求爱或拒绝求爱所引起的心理扰乱。马卡连柯指出："一个青年人如果不爱他的父母、同志和朋友，他就永远不会爱他所选来做妻子的那个女人。他的非性欲的爱越远越广，他的性爱也就越高尚；倘若在其他领域消极无能，他在爱的领域也必然重蹈覆辙。"

三、拒绝爱

拒绝爱的能力包括两个方面：一是敢于理智地拒绝不希望得到的爱情。在一份不希望得到的爱情到来时，优柔寡断或屈从于对方的穷追不舍的做法是有害的，爱情来不得半点勉强和将就，因此，要勇敢地说"不"。二是要掌握恰当的拒绝方式，拒绝的时候要注意以下三点：一要态度坚定，不要造成欲拒还迎的暧昧假象；二要行事平和，不能冷嘲热讽，可以不接受感情但别践踏真心；三要直接拒绝，最好不要托人转告，避免产生不必要的麻烦。

四、发展爱

学会发展爱是指处理差异、化解矛盾，使爱情得以维护保持长久的能力。丹顿（Dainton）和泰勒（Taylor）提出五种维持关系的积极行为。

（1）肯定。肯定首先是对恋人情绪与感受进行积极回应。例如，恋人抱怨室友对自己不公平，我们可以做出积极的回应，肯定和接纳恋人难过、愤怒的情绪，让其感到被支持，而不是否认和批评其不会处理宿舍关系。肯定也包括认可对方在恋爱关系中所起到的作用。例如，不时表达"你对我来说很重要""感谢你对我的关心，对我们爱情的付出"。肯定还包括对恋人做出的成绩进行肯定。例如，对方通宵达旦完成了一个项目，或者坚持了一个月的晨跑，都可以及时给予赞美。

（2）坦诚。坦诚是恋爱的基石之一，有助于增进信任与亲密，但需根据双方感情的阶段来决定开放的程度。我们可以在适当的范围内坦露过去的经验和感受，但不可要求对方和我们一样，要对方绝对地坦露一切。例如，我们可以鼓起勇气谈论自己的上一段恋情或者过去发生的不那么光彩的事，但不可要求对方全盘托出他或她的过去，除非对方自己觉得可以谈论了。

（3）积极。积极是指用一种自愿取向的眼光看待彼此的感情，勇于表达自己的感受，积极对待一起的生活。有些恋人非常擅长兴趣盎然地把平常的日子过得有滋有味，这其实是传递了一种积极信息：我愿意和你在一起，即使做普通的事也很愉快。

（4）共享社交。有人说，判断是不是真爱，就看带不带对方去参加朋友聚会或者会不会在朋友圈秀恩爱。这确实有一定道理。与恋人一起共享自己线上、线下的社交网络，一同参加亲人朋友的聚会，其实是传递一种"认定你"的意思。当然，这并不意味着失去私人空间，而是通过参与彼此的社交圈，建立双方之间更紧密的联结。

（5）共担责任。丹顿的研究发现，恋爱中一起承担生活的责任，在对方需要时给予适当的建议与协助，是维系双方关系的重要方式。有人觉得自己的事情要自己承担，不应该给对方惹麻烦，这种带有隔离性质的处理，反而让对方感到不被接纳，没有真正融入这段关系中。正所谓，"人生路上甜苦和喜忧，愿与你分担所有"。爱，意味着放弃部分自我边界，让对方进入，也意味着共享烦恼、共对困难、共担责任。

【案例】

你看了一度大热荧屏的《新还珠格格》吗？是，这是一部惹人争议的电视剧，有的人没看就开骂了，有的人是边看边骂，有的人是哭得稀里哗啦，还有的是自觉地飘过。你是哪一种？如果一个女孩看十遍就哭十遍，你会喜欢吗？我们不妨想想，五阿哥为什么会喜欢来历不明的小燕子，为什么肯抛弃美人江山和她归隐田园？

小燕子，浓眉大眼，青春可人，这是外表。

小燕子，古灵精怪，天真烂漫，这是性格。

小燕子，行侠仗义，敢爱敢恨，这是行为。

对于一个在紫禁城里长大的阿哥，每天过着波澜不惊的生活，周围都是规规矩矩，说话不敢大声的人，可以想见这样的小燕子对他有着怎样的吸引力。跟着小燕子，天天闯祸，永远都不知道下一秒会发生什么，这样的生活又如何不浪漫刺激呢？所以，如果你希望你的浪漫之爱能长一点，再长一点，一定要学会制造新鲜。当然不是像小燕子那样，我说的是要多学习，多见识，让你的伴侣和你在一起，总是能够听到新鲜的见解、独到的分析，让他和你在一起能结识更多的朋友，看到许多不曾见识的精彩。当觉得山穷水尽时总能峰回路转，生活中时不时有新奇的元素迸发出来时，爱情就会更有生命力。

好的爱情是你通过一个人看到整个世界，坏的爱情是你为了一个人舍弃世界。

五、失恋

（一）接纳失恋事实，但不否认过去

有的人无法忘掉旧情，难以接受失恋的事实，心存重建关系的幻想，例如，"你肯定还是爱我的，只是被你父母的话影响了。我们会和好如初的"，"她只是一时生气，不是真的要分手，哄一哄就好了"。因此，面对失恋的第一步是接受现实。当然，彻底否认恋情带来的快乐幸福并不明智。与过去决裂、将旧恋人塑造成负心男或负心女，其实也否定了自己的那段生命和自我价值，造成更深的伤痛。暂时和偶尔使用"否认"的心理防御机制，让自己内心稍微好受点是正常现象。但是如果滥用，甚至长期沉溺于幻想和自责之中，将不利于日后的成长。

（二）理解情绪意义，允许表达情绪

失恋后会遭遇各种情绪的侵袭，巨大的悲伤、无言的愤怒、不舍与无奈………有的人出于自尊心，不想人家看笑话，可能会将各种负性情绪掩盖起来。对于他们而言，表达负面情绪似乎是一件令人羞耻的事情。其实，即使所谓负面情绪也是有意义的，悲伤让我们更加珍惜当下，抑郁让我们沉下心思考，愤怒让我们明白那个关键点。情绪不肯走时，允许它停留片刻，默默体味或用各种形式来表达。越是希望情绪尽早离开，越是在强化它的存在，就像给没油的汽车加油，反而促使其继续奔跑。理解情绪的意义，将情绪视为失恋带给我们的礼物，允许表达情绪，是个不错的应对方式。

（三）创造树洞时间，用仪式来结束

给自己设定一个"树洞时间"，这个时间内只准想负面事情，让自己尽情地说，痛快地写，甚至歇斯底里地骂。但在树洞时间之外，就要努力专注于当下，积极生活。把所有的负

面东西集中在树洞内，有助于区分界限，恢复正常生活。除此以外，为逝去的恋情做一个哀悼仪式也有必要，例如，把对方送的礼物处理掉，删除两个人的合影，取消对对方网络社交平台的关注，让自己的视野内暂时不出现与其相关的一切事物……也许这些行为会使你柔肠寸断，但是无论多么痛苦，都要告诉自己："这件事情已经结束了。"

六、爱的误区

（一）爱不等于控制，而是信任

信任即自由，自由即爱。想方设法地控制对方，跟踪对方的行踪，一味地贬低与试图改变对方，本质上是一种控制欲。真正的爱给予对方足够的信任，给予对方适当的独立空间，允许对方有自己的生活，接纳对方最真实的样子。很多人把伴侣当成私有物品，然而这不是爱。相互信任与尊重彼此，才是爱的最高境界。就像犹如温尼科特所说，"完美的亲密关系就是窝在爱人怀里孤独"。即使两人暂时无话可说也无所谓，相对无言，就暂时沉默，可以静静地躺在对方的怀里孤独，这是两人互相信任的极致表现，也是爱的最高境界。

（二）爱不会患得患失，而是自在

有些人在爱情里缺乏安全感，总是追着对方问爱不爱自己，如果对方没有按照自己的方式来对待自己，就会觉得对方不爱自己，每天处于担心与焦虑中。这不是爱，你爱的只是自己。爱不是无尽的索取，真正的爱是给予，是令你感觉轻松、舒服、自在的。如果你感觉患得患失，可能你更需要的是探寻与自己的关系。

（三）爱不是寄生，而是共生

"我养你"这句话会令大多数女生忘乎所以，很多人谈了恋爱后，仿佛完全成为对方的附属品，失去独立性和自己的生活，甚至放弃自己的梦想和追求。这不是爱，正如弗洛姆所说："正因为我们不能自力更生，所以只能把自己同另一个人连在一起，这个人也许就是我生命的拯救者，但是这种关系同爱无关。"真正的爱应该是共同扶持，相互成长，彼此支持，共同进步，让双方成为更好的人。

观看电影《爱在黎明破晓时》《爱在日落黄昏前》《爱在午夜降临前》，任选一部写一篇800字左右的影评。

在天愿作比翼鸟，在地愿为连理枝。
【出处】唐·白居易《长恨歌》
【释义】在天上我们但愿永做比翼鸟，在地上我们但愿永做连理枝条。
【解读】这首诗写得婉转动人，常为后人引用，以表示对爱情的忠贞。

参 考 文 献

[1] 本书编写组. 守纪律讲规矩党员干部读本［M］. 北京：中共党史出版社，2015.

[2] 郝文清. 失落式微：大学生规矩价值观的缺失与忧患［J］. 中国青年研究，2017（9）.

[3] 俞来德. 论强化大学生守纪律讲规矩的重要性及对策［J］. 上饶师范学院学报，2015，35（5）.

[4] 王建庄，胡雅宁. 职业生涯规划［M］. 北京：教育科学出版社，2018.

[5] 李俊琦. 职业素质与就业能力训练［M］. 北京：清华大学出版社，2004.

[6] 凯利·麦格尼格尔. 自控力［M］. 王岑卉，译，北京：文化发展出版社，2017.

[7] 李文莲. 起航——大学生活指南［M］. 北京：中国轻工业出版社，2017.

[8] 魏茂峰，陈玛. 学生理想信念的教育［M］. 合肥：安徽人民出版社，2012.

[9] 韩震，董立河. 爱国［M］. 北京：中国人民大学出版社，2015.

[10] 郑承军. 理想信念的引领与建构——当代大学生的社会主义核心价值观研究［M］. 北京．清华大学出版社，2010.

[11] 丁文敏. 大学生责任教育概论［M］. 济南：山东人民出版社，2012.

[12] 彭再如，何泽民. 新编大学生健康教育读本［M］. 长沙：湖南大学出版社，2017.

[13] 贾伟. 象牙塔里艾滋病也"疯狂"，原因竟是……［J］. 民生周刊，2016（12）.

[14] 张燕. 大学生借款千元，最终为何欠下数万债务？校园借贷乱象调查［J］. 中国经济周刊，2016，33：24-26.

[15] 秦洪亮. 裸条借贷危机中的生命政治［J］. 社会科学论坛，2016，12：157-163.

[16] 胡凯. 大学生心理健康教育教程［M］. 长沙：湖南人民出版社，2017.

[17] 林崇德，杨治良，黄希庭. 心理学大辞典［M］. 上海：上海教育出版社，2004.

[18] 包陶迅. 现代生活与心理健康［M］. 沈阳：辽宁教育出版社，2013.

[19] 王志敏. 超越挫折心理学大全集［M］. 北京：中国华侨出版社，2012.

[20] 李百珍，梁樱，方菲. 青少年心理健康教育应急必备阳光总在风雨后成长挫折的应对［M］. 北京：科学普及出版社，2013.

[21] 欧阳辉，闫华，林征. 大学生心理健康应用教程［M］. 沈阳：辽宁教育出版社，2013.

[22] 李虹，梅锦荣. 大学校园压力的类型和特点［J］. 心理科学，2002（4）：398-401.

[23] 郭德俊. 情绪心理学［M］. 北京：开明出版社，2012.

[24] 胡凯. 大学生心理健康教育教程［M］. 长沙：湖南人民出版社，2017.

[25] 彭聃龄. 普通心理学［M］. 北京：北京师范大学出版社，2012：355

[26]［美］莎伦，布雷姆. 爱情心理学［M］. 郭辉，等，译. 北京：人民邮电出版社，2010.

［27］罗伯特·斯滕伯格. 爱情心理学［M］. 李朝旭，译. 北京：世界图书出版公司，2010.

［28］戴吉. 生活中的心理学——阅生活　悦自我［M］. 长沙：中南大学出版社，2017.

［29］［美］艾·弗洛姆. 爱的艺术［M］. 李健鸣，译. 上海：上海译文出版社，2008.

［30］BARTHOLOMEW K.，HOROWITZ L M. Attachment styles among young adults：a test of a four－category model［J］. Journal of Personality & Social Psychology，1991，61（2），226－244.